その土地の人が口を閉ざす

日本列島のヤバイ話

歴史ミステリー研究会編

彩図社

はじめに

ここはヤバイ、あまり長居をしないほうがいい――。

旅先で訪れた場所でふいに背すじが冷たくなるのを感じて、そこから逃げるように立ち去ったことはないだろうか。人間には五感を超えた第六感（シックス・センス）が備わっているというが、その第六感がその土地に秘められた目に見えない危険を感じ取り、あなたにシグナルを送ってきたのかもしれない。

あとから調べてみると、そんな場所はたいてい「呪われた場所」とか「禁断の地」と呼ばれていて、古くから地元の人々の間では語り継がれてきたのである。そして、じつはこうした場所は人里離れたところばかりではなく、あなたが住んでいる近辺にもあるかもしれないのだ。

そこで本書では、日本各地に存在する、人が足を踏み入れてはいけないとされるいわくつきの場所を取り上げ、かつてそこで何が起きたのか、さらに現在その場所がどうなっているのかに迫った。

たとえば北海道の北西部には、巨大なヒグマが人々を次々と襲い、わずか数日のうちに10人を殺傷した日本史上最悪といわれる獣害事件が起きた山村がある。一方、本州からはるか南の海上に浮かぶ孤島では、太平洋戦争末期に1人の女性を巡って男たちが殺し合いを演じたという残忍な事件が起きたこともある。極限状態に追い込まれた人間が繰り広げた恐ろしい事件の顛末とは。さらに、6000人以上の死傷者を出した地下鉄サリン事件はいまでも多くの人々の脳裏に焼きついているが、その事件で使われた有毒ガスの製造工場があった山梨県南部の村は現在どうなっているのだろうか。

本書を読み終えたあと、この日本には恐ろしい話が残る土地がこれほど多く存在するのかと、がく然とするだろう。

ただし、最後にこれだけは忠告しておきたい。もしも、本書で取り上げた場所のいくつかをあなたがよく知っていたとしても、そこに興味本位で近づくことだけは絶対に避けてほしいのだ。そこで眠っている得体の知れない〝何か〟があなたの気配を感じて、長い眠りから目を覚ましてしまうかもしれないからである。

2020年12月

歴史ミステリー研究会

日本列島のヤバイ話　目次

1章　一般人が気軽に入ってはいけない場所

2章　多くの人命が奪われた場所

3章　いまも謎や危険が残るヤバイ話

4章　説明のつかない不可解な現象が起こる場所

5章 歴史的事件に根を持つヤバイ話

1章

一般人が気軽に入ってはいけない場所

異界への入り口・異形の恐山

◆有毒ガスが噴き出る「異界への入り口」

死んだ者の魂が行きつく場所——。

青森県の下北半島の中部には、いまだにそう信じられている場所がある。

それは、和歌山県の高野山、京都府と滋賀県にまたがる比叡山とならぶ日本三大霊場のひとつの恐山である。

日本最北端にある異界への入り口、そう呼ばれる恐山へは、最寄り駅であるＪＲ大湊線の下北駅から路線バスを利用すれば40分ほどで行くことができる。ただし、冬の間は山が深い雪に閉ざされるため、開山期間は毎年5月1日から10月31日のわずか半年だけだ。

ところで、正確には恐山という名称の山はどこにも存在しない。恐山とはカルデラ湖である宇曽利山湖《うそりやま》を中心とした蓮華八葉《れんげはちよう》と呼ばれる８つの山々と、それらに囲まれた盆地の総称なのだ。

その恐山には、まさに地獄の景色そのもののような、草木一本生えない荒涼とした岩場が広がっている。活火山である恐山一帯はいまでも水蒸気や火山性ガスが噴き出しているため、植物はほとんど育たないのである。ツンと鼻をつく硫黄の匂いが立ち込めているのもそのせいだ。

恐山の岩場

◆この世にあらわれた地獄の姿

恐山の岩場には「血の池地獄」や「無間《むげん》地獄」と不気味な名前が書かれた案内板がいくつも立てられ、硫黄の匂いも相まって、歩いているだけで生きながら地獄めぐりをしているような気さえしてくる。死者を弔うための石積みの塔もあちこちにあり、どこからかカタカタという乾いた音が聞こえてくる。水子供養のために供えられた風車が物悲しげに回っているのだ。

また、死者の遺髪や遺骨、爪や歯などが納められている小さな納骨堂もある。昔から地元の人々は恐山のことを「お山」と呼び、「人は死ねばお山に行く」といい伝えてきた。そのため、恐山の納骨堂に分骨をしなければ、お山に行かせてもらえなかったといって死者が遺族を祟ると信じられてきたのだ。平安時代初期の9世紀に開山した恐山は、こうして1150年以上もの間、霊峰として人々から畏怖されてきたのである。

◆恐山に眠る莫大な金

この恐山が世界でも有数の金山で、地中深くには莫大な金が眠っているのをご存じだろうか。実際に青森県が行った調査では、恐山の周辺地域の金の含有量は鉱石1トンあたり400グラムと極めて高いものであることが明らかになっている。

とはいえ、これまでに恐山から金が掘り出されたことはない。歴史をひも解いても、島根県の石見銀山のように、山の支配権をめぐって戦国武将たちが血を流したという話は残っていないのだ。

昔から恐山が金山であることが知られていたのかどうかは定かではない。しかし、たとえ知られていたとしても、死者の魂が向かう場所である聖地を我がものにして、恐れ多くも掘り返そうとする輩などいなかったのだろう。

人々の信頼を集めるイタコ（©Geomr/CC-BY-SA 3.0）

◆死者の言葉を代弁するイタコ

ただし、古くから人々は別の目的で恐山を目指してきた。イタコに会うためである。イタコは自らの体を霊媒として一時的に死者の魂を宿し、その言葉を伝える「口寄せ」と呼ばれる不思議な能力を持つ女性で、その多くが盲目だ。

毎年夏の恐山大祭と秋の恐山秋詣りの期間中には、口寄せを頼むためにイタコが座る小屋の前には長蛇の列ができる。ただし、どんなに賑わうとはいえ、恐山は霊場であることを忘れてはならない。軽い気持ちで写真を撮ろうものなら、不可解な現象に遭遇することもあるそうだ。

妊婦の命を飲み込んだ岩の裂け目

◆ある恐ろしい目的で使われた岩場

沖縄本島のはるか南西の海上に浮かぶ八重山諸島の島のひとつで、「日本最西端の島」と呼ばれるのが与那国島《よなぐに》だ。

那覇に行くよりも隣国の台湾に行くほうが近いこの離島からは、天気がよければ実際に110キロメートルほど先にある台湾の島影を見ることができる。

そんな与那国島に、かつて沖縄が琉球と呼ばれていた頃の恐ろしい歴史の一端が垣間見える場所がある。

島の空の玄関口である与那国空港から車で15分ほどの西崎という海岸には、「日本最西端の碑」が建てられ、日本で最も遅い時間に沈む夕日を見ることができる。

そんなロマンチックな場所からほど近い岩場に、突如として巨大な裂け目が現れる。

うっかり足を滑らせようものなら、二度と這い上がってくることはできないほど深い闇がポッカリ口を開けているのだ。

この裂け目は「クブラバリ」と呼ばれ、かつてある儀式によって多くの女性たちが命を落としたといわれる恐ろしい場所なのである。

クブラバリと呼ばれる岩の裂け目

◆人々にのしかかる重税・人頭税

16世紀、与那国島は首里に王府を置く琉球王国の支配下にあったが、その琉球王国が薩摩藩の島津氏率いる大軍に攻め込まれたため、琉球とその属国は薩摩に支配されるようになった。

薩摩藩は厳しく年貢を取り立てたために琉球はたちまち財政

宮古島に残された人頭税石。これより背が高くなった時が地獄の始まりだ。
（©Paipateroma/CC-BY-SA 3.0）

難に陥り、そのしわ寄せは領民たちに及んだ。悪税といわれた人頭税が課せられることになったのだ。

　王府は人頭税石という高さ143センチメートルほどの石を定め、これより背が高くなった15歳以上50歳までのすべての男女に対して、病人だろうがケガ人だろうが一律に上納を義務づけた。

　年貢として男性は米を、女性は麻織物を納めたが、その税率は年間の収穫高の8割という非情なものだった。

　ところが皮肉にもこの税制のおかげで琉球の財政は安定し、この制度は明治36（1903）年まで続けられた。

　当然、住人が多い村にはそれだけ多くの税が課せられる。そのうえ、当時の与那国島は流行り病などもなく人口は常に過密状態で、飢饉なども重なって慢性的に食料は不足していた。

年貢を納めるために朝から晩まで働きづめで、そのうえ満足に食事をとることもできない。追い詰められた村人に残された最後の選択肢が、クブラバリで行う儀式だったのだ。

◆妊婦に課せられた過酷な義務

その儀式とは、年に一度村中の妊婦を集め、巨大な岩の裂け目であるクブラバリを飛び越えさせるというものだった。

幅3メートル、深さ7メートルもあるクブラバリは、男性でもやっと飛び越えられるかどうかというものだ。それをお腹の大きな妊婦にさせたのである。

実際に巨大な裂け目を目の当たりにすると、向こう岸までの距離と穴の深さに目がくらんでおよそ飛び越えられそうにはない。

これを飛び越えられるくらい強い足腰を持った女性から生まれた子供は丈夫で、母子共に貴重な働き手になるといわれたというが、実際は増え続ける人口を抑えるための儀式だったとしか考えられない。

与那国島の西部は久部良と呼ばれてる。この「最西端の碑」は久部良地区のなかでも最西部にある。

集められた妊婦は、自分が飛ぶ順番を待つうちに恐ろしさのあまり声をあげて泣き出したという。しかし逃げることなどできず、無理矢理に飛ばされては裂け目に落ちていく女性があとを絶たなかった。

しかも、裂け目は向こう岸が2メートルあまり低かったため、着地するときには体にかなりの衝撃が加わった。つまり、どうにか飛び越えることができたとしてもその衝撃で流産してしまったというのだ。

クブラバリ一帯には、いまでもどこか重たい空気が漂っているという。それは、かつて命を落とした母子の魂が、深い裂け目の底でさまよい続けているせいなのだろうか。

かつて山谷に存在した刑場の跡

◆20万人が死んだ場所

大阪の釜ヶ崎（あいりん地区）、神奈川県横浜の寿町と並んで、〝日本三大寄せ場〟と呼ばれているのが東京の山谷《さんや》である。荒川区と台東区にまたがる東京の下町に位置するが、現在は山谷という地名は存在しておらず、おもに南千住の南部から三ノ輪、日本堤、清川あたりまでの簡易宿泊施設が集中する一帯を指すことが多い。

寄せ場とは、日雇いの仕事を求める人が集まる場所を指す言葉だ。そこに人手を確保したい業者が日雇いの仕事を持って訪れる。そこに集まり仕事にありつけた人たちは、日銭を稼ぐことができるのだ。

こうした様子は、華やかな都会のもうひとつの側面ともいえるが、じつはいまから400年近く前の江戸時代にも、この地には都市の暗部ともいうべきあるものが存在していた。それが小塚原《こづかっぱら》刑場である。江戸には鈴ヶ森、大和田、そして小塚原と3つの刑場が存在していたが、慶安4（1651）年に設置された小塚原は、その役目を終える幕末までにおよそ20万人が刑死したと伝えられている。しかも、その処刑の様子は背筋が凍るほど残酷なものだったのだ。

◆野犬に掘り返された罪人の死体

江戸時代、死刑は罪の重さによっていくつかの種類に分かれていた。首を斬り落とす斬首や武士にだけ許された切腹、あるいは火あぶりなど、想像するだけで身のすくむような刑ばかりだが、小塚原で行われていたのは獄門刑や磔《はりつけ》刑といった重罪人に適用される処刑だった。

獄門刑は市中引き回しの末に斬首されてさらし首に、磔刑は磔にされたのちに突き殺されてさらし首にされるもので、ときには首だけが出る箱の中に生きたまま埋められた。しかも、こうして処刑された罪人の遺体には、わずかな土をかぶせるだけだった。

そのため、刑場の周辺は常に死体が放つ悪臭が漂っており、雨が続くと土の中から腐敗した腕や足が見え隠れした。そして、それを掘り返そうとする野犬やイタチがあとを絶たなかったという。この言い伝えに関連してか、小塚原という地名は「骨ヶ原」という当時の呼び名に由来するという説が根強い。現在も、南千住駅の西側を通る「山谷通り」は地元では「コツ通り」などと呼ばれているが、その「コツ」が表すものが罪人の死体の「骨」だとすれば、なんとも居心地の悪い響きに聞こえてならない。

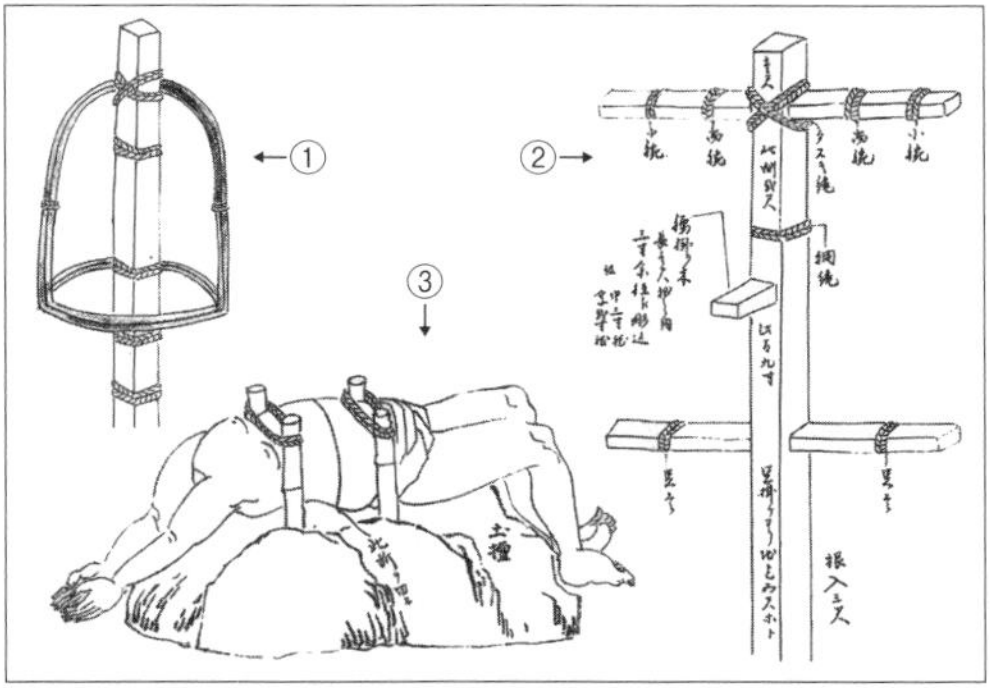

①は火刑に、②は磔に使われた器具、③は死罪人の遺体を刀の検分に利用する“試し切り”の図。

◆刑場をあえて人目につく場所に設置する

小塚原に限ったことではないが、当時、刑場でこれほど多くの処刑があったのには、幕府にたてついた者は徹底的に弾圧されたという時代背景がある。罪人の首をわざわざさらしたのは民衆への見せしめなのである。

古地図を見ると、この小塚原は日光街道の宿場町のすぐ近くに位置していた。いまであ

かつての小塚原の様子。首切り地蔵は 1740 年頃から当地にある。

れば人目につかない場所に置かれそうな刑場を、あえて人の行き来が激しい場所に置いたのも、幕府からの言葉なき警告だったに違いない。

　現在、刑場があった場所には小塚原回向院が建ち、死罪になった者の霊を弔っている。かつては安政の大獄で命を落とした吉田松陰の墓もここに置かれていた。さらに、ほど近い場所には分院の延命寺が建ち、首切り地蔵も祀られている。山谷は往年のボクシング漫画『あしたのジョー』に登場する泪《なみだ》橋があったことでも有名だが、この「泪」という文字は、小塚原刑場で処罰される罪人と、身内との別れの場所だったことから、その名がつけられたといわれている。いまではその橋もすっかり姿を消し、活気あふれる下町の人々の生活道路として存在するのみだ。しかし、このあたりはいまだに鉄道工事などで1メートルも地面を掘り返せば、ゴロゴロと人の骨が出てくるという。

殺人兵器を製造していた秘密の工場

◆オウム真理教がつくった恐怖の施設

日本を代表する霊峰・富士山の周辺には５つの湖や樹海を中心に雄大な自然が広がっている。西北エリアにある山梨県富士河口湖町富士ヶ嶺地区も例外ではなく、その美しい景観を楽しむ観光客の姿もしばしば見られる。

しかし、この地にかつて日本中を震撼させた凶悪犯罪集団の拠点が置かれていたことを知る人は、年々少なくなっているかもしれない。

ここはその昔、上九一色村《かみくいしき》と呼ばれていた場所である。戦後になってから山林を開墾した開拓村で、交通の便こそ悪かったものの人々は酪農や農業を営みながらのどかに暮らしていた。

そんな平和な村に突如現れたのが、教祖・麻原彰晃こと松本智津夫率いる新興宗教「オ

オウム真理教のサリン製造プラントがあった第7サティアン（写真提供：共同通信社）

ウム真理教」である。麻原は村で放置されていた荒れ地を買収し、次々と教団施設を建設した。物々しい雰囲気とスピーカーから鳴り響くマントラ（お経）に住民は悩まされたが、よもや、その施設で人の命を奪う毒物が製造されていたなどとは夢にも思わなかっただろう。

◆木刀を手にした見張りが立つ

オウム真理教は昭和55（１９８０）年頃から勢力を増した宗教団体である。

上九一色村の土地を買収し、平成7年（１９９５）年にはおよそ4万８０００平方メートルもの土地を所有して、サティアンと呼ばれる教団施設をいくつも建設していた。

施設内部からは常に土木作業のような音が鳴り響き、入口には木刀を持った見張り（信者）も立てられていたが、一方で、村の住民宅へは厳しい修行生活に耐えかねた脱走信者が駆け込んできたこともあったという。

世間では、教団と対立する弁護士一家が殺害されるなど、オウムの仕業と思われる事件が相次いでおり、それを追及する世論と反論するオウムの攻防が繰り広げられていたが、平成7（1995）年3月20日、事態は最悪の展開を迎えてしまう。

◆東京の中心で起きた毒ガステロ

この日の午前8時頃、ラッシュで賑わう地下鉄日比谷線、千代田線、丸ノ内線の5つの車両で、乗客が次々と倒れる事件が発生した。

原因は車内に蔓延した神経ガス「サリン」で、5人のオウム信者が実行犯としてそれぞれの車両に分かれて乗り込み、持参したサリン入りのビニール袋に傘の先端で穴を開け、直後に電車を降りて逃亡したのだ。

ガスを吸いこんだ乗客や救出作業にあたった駅員が次々と倒れ構内は大混乱に陥った。結果、13人が死亡し、6300人もの重軽傷者を出す大惨事となってしまったのである。

この前年には長野県松本市でもサリンの中毒事件が発生しており、教団の関与が疑われたが、このときは警察が事件の被害者の1人を容疑者として誤認捜査したという背景もある。

そんな中で起きたこの地下鉄サリン事件は、追い詰められた教団が、警察の捜査妨害と社会混乱を目的として実行した、恐るべき無差別テロだったのだ。

そして、事件の2日後、ついに上九一色村の教団施設に強制捜査が入り、およそ2ヵ月の捜査ののちに隠し部屋に潜んでいた麻原が首謀者として身柄を拘束されたのである。

犯行に使用されたサリンは第7サティアンで精製されていた。

第二次世界大戦下にナチスが開発し、そのナチスでさえ使用を踏みとどまった毒ガスによるテロ事件は、海を越えて衝撃をもたらし、上九一色村の名は世界中が知るところとなってしまったのだ。

◆工場跡に立つ碑文のない慰霊碑

一度ついた負のイメージを払拭することは難しかったのだろう。

教団施設が完全に解体されたあと、村は土地を買い上げ、イメージ回復をはかってテーマパークを開園しているが、数年で経営に行き詰まり閉鎖に追い込まれた。

さらに平成18（2006）年には村も分割合併され、上九一色村という名前は地図から消滅した。通常は旧自治体名を残すことが多いが、地元はそれを望まなかったという。

富士ケ嶺公園に立つ慰霊碑（写真提供：時事通信）

現在、この地は富士ケ嶺公園として整備されているが、公園の奥には小さな慰霊碑が立っている。教団内のリンチによってこの地で惨たらしく殺された信者の霊を弔うためのものだ。

慰霊碑には碑文が書かれておらず、事情を知らない人が見れば何の慰霊碑なのかさっぱりわからないそうだ。

あえてそうしたのは、ここにオウムの文字を入れることで聖地化してしまうことを恐れたからだといわれている。

南の島にある立入禁止の聖地

◆沖縄の聖地・ウタキ

沖縄本島を南北に走る国道58号線、通称〝ゴッパチ〟は、地元の人にとっては重要な生活道路として、そして観光客には沖縄を代表するドライブコースとして親しまれている。道沿いにはヤシの木が植えられ、車窓からはエメラルドグリーンの海が広がる南国の美しい景色を堪能できる。その58号線を那覇から20分ほど北上すると、宜野湾《ぎのわん》市大山という場所にさしかかる。東シナ海に面したこの町には、沖縄本島の数ある心霊スポットの中でもとくに霊力が強いといわれている聖域があるのだ。

58号線を右折して住宅街を縫うように伸びる細い路地に入り、しだいに勾配がきつくなる坂道を先へ先へと進む。やがて、木々がうっそうと生い茂る森の入り口にたどりつくと、その入り口には「史跡 大山貝塚」という石碑を見ることができる。

貝塚というだけに、かつて森の奥からは縄文時代の石器や土器などが多数出土している。そればかりかこの場所は、古くから地元の人々が崇めてきたウタキ（御嶽）と呼ばれる聖域でもあるのだ。

斎場御嶽（写真 :shig2006）

◆独特のパワーを持つ「ユタ」

ウタキとは古くから祭祀などを行ってきた聖域で、神々が降り立つ場所と考えられてきた。

沖縄の人々の暮らしには欠かせない場所であり、かつてはこのウタキを中心として集落がつくられたという。いまも沖縄地方のあちこちにウタキは残っていて、沖縄本島の南東部、知念半島にある斎場御嶽（セーファウタキ）は世界文化遺産にも登録されているほどだ。

そして、この大山貝塚にも小さな祭壇が建てられている。沖縄ではこうした祭壇のことを拝所と呼び、人々は神を拝む神聖な場所として代々崇めてきたのである。

そんなウタキの神秘性をさらに高めているのが、沖縄の人々にとっていまでも重要な存在であるユタだ。

ユタとは霊的能力の高い巫女《みこ》のことで、先祖の供養や伝統的な祭司を行い、あるときは恐山のイタコのように死者の声を代弁したり、神を自らの体に憑依《ひょうい》させて人々に助言をしたりもする。

しかもユタになる女性は、その霊力を発揮している間に何日も高熱にうかされたり、極度の鬱状態や錯乱状態に陥るなど、「カンダーリ（神ダーリ）」という何かに憑りつかれたような状態を体験するというのだ。なんともミステリアスな存在なのである。

沖縄ではいまでも冠婚葬祭や転職、家の新築や改修など人生の転機となるタイミングで、「ユタ買い」といって助言を求めてユタのもとを訪れる人が少なくない。

ウタキは、そんなユタが修行を行ってきた場所でもあるのだ。

◆この世とあの世をつなぐ強い霊力

もちろん大山貝塚も例外ではない。じつは、貝塚の拝所の下には洞窟が広がっていて、そこではユタが自らの霊力を高めるために祈りを捧げているというのだ。

死者の声を聞くユタの修行場であるウタキは、この世とあの世をつなぐ霊的エネルギーの強い場所ともいえる。

生まれつき強い霊力を持ったユタならまだしも、一般の人が興味半分で足を運ぶにはあまりに危険な場所なのである。

実際に大山貝塚では怪しい人影を目撃するなどの怪奇現象が相次ぎ、ここで写真を撮ると謎の影が写り込むという噂も絶えない。地元では知らない人がいないミステリースポットなのだ。

住宅街から一歩足を踏み入れた場所に、古くから地元の人々が崇めてきたこうした神秘的な聖域が残る。これは沖縄ではよくある風景だ。

リゾート地として多くの観光客が訪れる沖縄には、現代人の想像を超えた多くの文化や習慣が残っていることを肝に銘じておきたい。

草木に覆われた大山貝塚（写真 :2001-2011 withoutasound）

自殺死体が流れ着く「神の島」

◆自殺の名所・東尋坊

切り立った奇岩群と、容赦なく打ちつける荒波。風光明媚な北陸の名勝・東尋坊《とうじんぼう》は、福井県の坂井市三国町にある。

世界でもここを含めて3ヵ所でしか見られないという、五角形や六角形をした柱のような岩石が立ち並ぶ景観は地質学的にも希少で、国の天然記念物に指定されている。

観光地としても人気が高く土産物店や食事処が軒を連ねるが、日が暮れてくるとこの地にはどことなく張り詰めた空気が漂い始めるのだ。そう感じるのは、ここが日本でも有数の自殺の名所だという先入観があるからかもしれない。

そもそも東尋坊とは、粗暴なふるまいゆえに恋敵に岸壁から突き落とされたという僧侶の名に由来しており、荒々しい波は、僧侶の怨念が化けたものだとも伝えられている。

まさかその怨念が自殺者を呼び寄せているわけではないだろうが、ここで命を落とす人はあとを絶たない。一時は人気ゲームの聖地になり、多くの人が集まったために自殺者が減ったものの、とくにリストラや派遣切りなどで雇用環境が悪化すると、将来に絶望してここを目指す若者が増えるという。

世の中の景気と東尋坊の自殺者の数は無関係ではないのかもしれない。

手前にあるのが東尋坊の絶壁。沖に雄島が見える。

◆東尋坊からの遺体が流れ着く場所

東尋坊は柵のない断崖で、自殺などする気がなくても足を滑らせれば一巻の終わり……というような危険な場所であるのは否めない。

そのせいか、小説やドラマでも〝最後の舞台〟として選ばれることも多く、また過去には著名人が身投げしたこともあり、すっかり自殺の名所というイメージがついてしまったようだ。いまでは岸壁ぎりぎりに立つと「霊に引っ張られる」などという噂もある。

自殺の名所になってしまった理由のひとつには潮目の関係で遺体が上がりにくいことも挙げられたりするが、一方で、この近くには東尋坊で身投げした人の遺体が流れ着くといわれている島も存在する。

それが雄島《おしま》である。雄島は東尋坊から北へ２キロメートルほどの日本海に浮かぶ小さな無人島だ。東尋坊に負けず劣らずの貴重な自然が残る島で、島へはえちぜん鉄道三国芦原線の三国駅からバスに乗って25分ほどで着く。

じつは、地元ではこの雄島こそが東尋坊以上の心霊スポットとして恐れられている。古来「神の島」と崇められているせいか、どこか神秘的なオーラを放つこの島にいったい何があるというのか。

◆してはならない島のタブー

島に行くには全長２２４メートルの「雄島橋」を渡らねばならないが、この橋にも噂

雄島に行くには、この雄島橋を渡ることになる。右奥に見えるのが大湊神社の鳥居だ。

がある。それは「深夜にここを歩くと、海に引っ張られる」というものだ。

島を目指す者が慎重に橋を渡り終えると最初に迎えてくれるのは大湊神社の鳥居である。本社は78段の階段を登りきったところにあるが、ここでは霊の目撃談が絶えず、夜な夜な耳をふさぎたくなるような笑い声や叫び声が聞こえるという話である。

そのまま遊歩道を進むと灯台に出る。ここも有名な心霊スポットで、人魂のような発光体や女性の幽霊などの目撃談は数え切れないほど存在する。

雄島の周囲は2キロメートルほどしかないので、一周するにはさほど時間もかからないが、島をめぐるときには守ったほうがいい掟がある。

それは、必ず時計回りに回るということだ。

もしも、反時計回りで回ると祟られて命を落とすというのである。

案内板にはそんな注意書きは一言もない。地元にだけ伝わる都市伝説のようなものだろう。そういう意味では、無数に存在する怪情報もどれだけ信憑性があるのかと思わず疑いたくなるところだ。

しかし十数年前には、夜中に肝試しに来て島を反時計回りに歩いた3人の若者のうちの1人が、帰り道の橋で海から出てきた手に足をつかまれて動けなくなり、翌日水死体になって発見されるという事件が起きた。彼を置き去りにした仲間の1人ものちに事故死し、もう1人は消息不明だという。

こんな話を聞いてしまうと、単なる怪談話と一笑に付すわけにもいかないのだ。

◆自殺を減らすための地域の取り組み

いずれにせよ雄島にまつわる心霊話の数々は、東尋坊で身投げした人の遺体が島に流れ着くため、成仏できない霊がさまよっているという話に集約される。

その東尋坊では、かなり前から自治体や支援団体がさまざまな工夫を凝らして自殺者を減らそうと試みている。

たとえば、自殺を思いとどまらせる看板をあちこちに立てたり、公衆電話には誰かに悩みを打ち明けられるようテレホンカードや10円玉を常備したり、あるいは支援団体が現地を巡回して不審な人を見かけたら積極的に声をかけ保護したりしている。

こうして直前に踏みとどまった自殺志願者だけでもかなりの数になるはずだ。

だが一方で、夜中に公衆電話のベルが突然鳴ったとか、血まみれの人が電話をかけていたなど、どうしても不気味な噂がつきまとってしまう。

貴重な自然が残り、少なくとも昼間は掛け値なしの絶景が楽しめる場所が、自殺の名所や心霊スポットとして有名になるのは、地元としては不本意としか言いようがないだろう。

呪いの力がいまも生きる貴船神社

◆京都の山中にあるいわくつきの神社

京都市左京区を走る叡山電鉄鞍馬線の貴船口駅から貴船川に沿って歩くと、30分ほどでたどり着くのが貴船《きふね》神社だ。ここは夏になれば涼を求めてやってくる観光客で賑わう場所で、貴船川のせせらぎが聞こえる境内はすがすがしい空気に包まれている。

貴船神社の起源は古く、神武天皇の母である玉依姫《たまよりひめ》が淀川、鴨川を経て貴船川をさかのぼり、ここに祠《ほこら》を建てたことが始まりだといわれている。奥宮のわきにある船形石は玉依姫が乗ってきた船を覆ったものだとされており、航海安全にご利益がある。

また、貴船川は都の水源のひとつだ。そのため貴船神社は平安時代から水を司る神として信仰され、長雨や日照りが続くと人々は天候の安定を祈った。

しかし、この神社はそういった水の神とはまったく別の顔も持っている。奉納された絵馬にはなぜか恨みをつづったものが多い。というのも、ここは憎い相手を呪う「丑《うし》の刻《こく》参り」が行われた場所だからである。

◆古くから伝わる呪いの方法と効力

草木も眠る丑《うし》三《み》つ時。白い着物に歯の高い下駄を履き、顔は白粉を塗って歯にはお歯黒、唇には真っ赤な紅をさし、頭にかぶった鉄輪《かなわ》に３本のロウソクをともす。

こんな異様な姿で呪いの言葉をつぶやきながら、一心不乱にわら人形に五寸釘を打ちつける――。背筋が寒くなるような丑の刻参りの光景だ。

これを人に見られることなく7日間続けると、帰り道で大き

貴船神社の入口にある鳥居

丑の刻参り伝説の発祥は右の絵にある橋姫だが、現在は左の絵のような姿で呪いをかけるという形に変わっている。

な黒い牛が寝そべっているのに出くわす。この牛を恐れることなく乗り越えれば、願いが叶うのだという。そして呪われた相手は苦しみながら死に至るのだ。

貴船神社の丑の刻参りが広く知られるようになったのは謡曲の「鉄輪」がきっかけだが、その基になった伝説が存在する。『平家物語　剣巻』に登場する宇治の橋姫の物語である。

橋姫はたいそう美しいが、嫉妬深い女性だった。あるとき愛していた男に新しい恋人ができたことを知ると、自らが鬼になって相手の女を取り殺したいと願うようになる。

そこで貴船神社に祈ったところ、鬼の格好をして宇治川の水に21日間浸かれば鬼と化すことができるというお告げを得た。

お告げを実行した橋姫は生きながら鬼になり、

ついに恋敵を呪い殺してしまう。これこそが丑の刻参り伝説の発端だったといわれている。もっとも、橋姫の物語にはわら人形も五寸釘も出てこないのだから、よく知られた丑の刻参りとは少々異なっている。

現代に語り継がれる伝説は鉄輪のストーリーと古くからの呪詛法などが合わさったもので、江戸時代に広まったとみられている。

◆じつは縁結びの神様でもある

このような呪いの神というイメージからは想像しにくいのだが、意外なことに貴船神社は縁結びの神としても古くから信仰を集めてきた。それを象徴するのが平安時代の女流歌人・和泉式部のエピソードである。

夫に愛人ができたことを悲しんだ和泉式部は、愛情を取り戻したいと貴船神社に祈りを捧げた。すると無事に夫は彼女の元へと戻り、それまで通り幸せに暮らすことができたという。

ただ、復縁が叶った和泉式部にとっては縁結びの神だが、それは一方で愛人と縁を切らせることを意味する。

本宮と奥宮の間に位置する「結社（ゆいのやしろ）」。縁結びの神様・磐長姫命（いわながひめのみこと）が祀られている。

つまり、縁結びは縁切りと表裏一体になっているのである。和泉式部の心の底にも、愛人に対する恨みや嫉みがなかったとは言い切れないだろう。

いまでも時折、境内の奥深いところで五寸釘で打ちつけられたわら人形が見つかることもあるようだ。

現在の貴船神社は縁結びのご利益をアピールしているが、そんな思惑とは裏腹に暗い思いを抱えてここを訪れる女性はいまでもいるのかもしれない。

親子の情を断ち切る断崖絶壁

◆「親不知」という奇妙な名の場所

日本全国には変わった地名が数え切れないほど存在するが、新潟県にある「親不知《おやしらず》」もかなり珍しい。親不知とは糸魚川市の西端に広範囲にわたって切り立つ断崖絶壁のことだ。

住所としては存在しないが、鉄道の駅や高速道路のインターチェンジなどにもその名が使われる、れっきとした観光名所である。

断崖は北アルプスの北端が日本海に侵食される形で海に落ち込んだもので、全長は15キロメートルにもおよぶ。その険しい様子から、地元では「天下の険」などと呼ばれることもある。

そこには人間を寄せつけない厳しい自然が立ちはだかっているが、古くから人々はここを越えるときは、崖沿いにギリギリに作られた磯の道をつたって歩くしかなかった。

まさに一歩足を踏み外せば、一巻の終わりというような危険な道である。

厳密には、えちごトキめき鉄道日本海ひすいラインの親不知駅から、同鉄道のあいの風とやま鉄道の市振《いちぶり》駅までを「親不知」、えちごトキめき鉄道・日本貨物鉄道の青海駅までの区間を「子不知《こしらず》」と呼び分けるが、それにしてもなぜこのような名がついたのだろうか。

◆自然の脅威が伝説をつくった

昔からこの地は、旅人にとって北陸でも有数の難所だった。そのため波打ち際を通るときは、親は子を忘れ、子は親を省みる余裕がないほどだった。命がけで歩くその様子から親不知子不知の名がついたとするのが、まず第一の説である。

さらに別の説もある。平安末期、世の中は源氏と平氏の争いの真っ只中にあった。この治承・寿永の乱に負けた平家は壇ノ浦で滅亡したが、平清盛の異母弟にあたる頼盛《よりもり》だけは生き残った。頼盛は途中から平家一門と一定の距離を置いた人物である。源平の戦いのあと、源頼朝は平家の関係者を次々罰したが、頼盛にはたいしたおとがめもなく朝廷への復帰を許したのだ。

しかし、やはり悪評にはいたたまれなかったのだろう。しだいに表舞台から姿を消し、晩年は越後の蒲原にある五百刈《ごひゃっかり》村に隠れた。

京都に残された妻は頼盛を追って越後へと向かった。そして、この親不知を通るのだが、そのとき誤って手元から落とした愛児を波にさらわれてしまったという。

その悲しみを詠んだ歌がある。

「親しらず　子はこの浦の波まくら
越路の磯のあわと消えゆく」

これをきっかけにこの場所は親不知と呼ばれるようになったというのだ。どちらの説が正しいかどうかは別として、共通しているのは肉親の悲劇だ。つまり、この断崖には親子の情を断ち切り、生死を分かつほど、非情で残酷な自然の脅威が潜んでいることを意味しているのである。

親不知の断崖（©Textex/CC-BY-SA 3.0）

◆国道がつくられて危険は消えた

親不知でもっとも歩行が困難なのは「長走り」と呼ばれる場所で、命を落とす遭難者が続出した。途中には「大懐」や「大穴」と名づけられた岩場の窪みがあり、悪天候の時には避難所の役割を果たしたが、過去には身動きがとれず1週間も閉じ込められた旅人もいたという。また「浄土崩れ」は東から来た旅人が、難所を通り抜けたことで「浄土のようだ」と思わず安堵したことに由来する場所といわれている。ちなみに、ここは承久3（1221）年に鎌倉幕府軍と朝廷軍が戦った承久の乱の舞台にもなった。

険しい自然は人々を拒み続け、他の地域の開発が進むなか、ここだけが手つかずのまま時は過ぎた。

しかし明治16（1883）年になるとついに親不知にも国道が敷かれた。

現在は旧道となったその道路の壁には道路の完成とその思いをこめて「如砥如矢《とのごとくやのごとし》」という文字が刻まれている。これは「砥石のように滑らかで、矢のように速く通ることができる」という意味である。

いまは4代目の道路となる北陸自動車道が通っており、北陸の大動脈としての役割を担っている。しかし、かつて多くの悲劇を生んだ親不知の姿はそのままだ。

2章　多くの人命が奪われた場所

火山の噴火でこの世から消えた村

◆火砕流に襲われた「東洋のポンペイ」

世界でも有数の火山列島である日本には、現在111の活火山がある。群馬県と長野県の県境に位置する浅間山もそのひとつだ。

浅間山は標高2568メートルを誇る独立峰である。その雄大で美しいフォルムは訪れる者を魅了するが、一方で、ほぼ毎日のように山頂で確認される白い噴煙に、いまなお活発な噴火活動が行われていることも見て取れる。

実際、浅間山の噴火はこれまで周辺地域に甚大な被害をもたらしてきた。なかでも、天明3（1783）年に起こった大噴火は史上最大級の規模で、噴火による死者はじつに1500人以上といわれている。そのとき流れた吾妻火砕流の溶岩が冷えて固まり、北軽井沢の奇勝として知られる「鬼押出し」の景観を生みだした。

また、この大噴火では、吾妻火砕流とは別の鎌原《かんばら》火砕流という火砕流が猛威を振るい、浅間山麓にあった群馬県鎌原村という一村を丸ごと飲み込んでしまったのである。１世紀にヴェスヴィオ火山の噴火で地中に消えたイタリア・ナポリの古都になぞらえ「東洋のポンペイ」ともいわれるこの鎌原村の最期とは、いったいどのようなものだったのだろうか。

1958 年 12 月の浅間山の噴火

◆477人の村民が命を奪われる

噴火が始まったのは天明３（１７８３）年の旧暦４月９日だった。最初こそ小規模だったものの、５月に２度目、６月には３度目の爆発が起こり、このときは周辺に軽石が降下し、江戸でも降灰が確認されたほどだった。

そして、７月に入ると断続的な噴火活動が始まり、６日夜から８日にかけて最大規模の爆発が起こったのである。立っていられないほどの激しい揺れと巨大な爆発音とともに発生したのは火砕流と岩屑《がんせつ》なだれだった。とくに北麓の群馬側へは、山肌を削り途中の岩石や土砂を巻き込んだ土石流が流れ込み、それが鎌原村を襲ったのだ。

鎌原村は浅間山の火口から北へ13キロメートルの場所に位置する、100戸前後が暮らす集落である。当時の規模でいえばけっして小さくはないこの村を襲った土石流は、家屋も家畜も、そして人間をも飲み込んで吾妻川に流れ落ちた。土石流のスピードは推定で秒速100メートルだったというから、その勢いたるや想像を絶するものだっただろう。噴火によって村はあとかたもなく消え、570人ほどの村民のうち477人の尊い命が奪われてしまったのである。吾妻川に流れ落ちた土石流は、勢いそのまま利根川に合流した。水が引いたときには、人や馬の死体が浅瀬に上がったが、その姿は人の形をとどめておらず、あちこちを岩石で切断されたものがほとんどだったという。

◆地中で生きていた人間の伝説

生き残った鎌原村民は、近隣の村の救済を受けながら急速な復興を成し遂げたが、江戸時代中期になると不思議な話が降って湧いた。

その内容はこうである。噴火から33年後のある日、鎌原村に住む男が井戸を掘っていたところ、瓦が出てきた。さらに掘り進めると屋根が現れ、穴を開けてみるとその下にはなんと人らしき影がうごめいていた。その影の正体は２人の老人で、聞けば、浅間山の噴火があったとき一家６人で土蔵に逃れたが、山が崩れてきて土蔵ごと地中に埋まってしまった。倉庫にあった食糧を食いつないでどうにか生きながらえてきたが、月日が経つうちに４人は息絶えてしまい、２人だけが生き残ったのだという。

この話は大田蜀山人《おおたしょくさんじん》という狂歌師が『半日閑話』という書物で「信州浅間嶽下奇談」として伝えている。これぞまさに奇談であるが、仮にフィクションだとしてもこうした言い伝えが存在するほど、当時の噴火が衝撃的なものだったということだろう。

◆土の中から出てきた2つの白骨

地底で暮らす人々の話はにわかに信じがたいが、群馬県嬬恋《つまごい》村に現存する「鎌原観音堂」では、当時の惨状を目の当たりにするあるものが実際に発見されている。

それは、天明の大噴火による土石流で生き埋めとなった２人の女性の遺体だ。これは昭和54（１９７９）年の地中発掘調査によって発見されたものだが、観音堂には石段があり、

発掘調査で発見された、鎌原観音堂に通じる石段。この下部から遺体が発見された。（写真提供：時事通信）

その下から二番目に1人、続いてもう1人が後を追うように埋まっていた。遺体はほぼ白骨化していたものの、衣類や頭巾の布、頭髪や皮膚がわずかに残り、体の一部はミイラ化していた。現在、観音堂の石段は地上部分に15段あるが、実際には50段あり、残り35段は6メートルもの厚さの土石層で覆われていることが調査で判明した。

つまりこのことから読み取れるのは、火砕流や土石流に襲われた住民が高台にあるこの観音堂を目指し、35段を越えて登りきった者は生き延び、たどり着けずに力尽きた者は生き埋めになったという残酷な事実なのである。

以降、この観音堂は厄除け観音として信仰されており、現在、その隣には遺体が発見された当時のパネルなどを展示する資料館が設置されている。

村人を殺しまくった人食いヒグマ

◆史上最悪の獣害事件

北海道北西部に位置する苫前町《とままえ》は、日本海に面していることから道内でも特に強風が吹く地域として知られている。そのため風力発電用に巨大な風車が何十機も設置されたことから、近年では風車の町として取り上げられることも多い。そんな苫前町の中心部から山間部に30キロメートルほど踏み入った場所で、いまから100年あまり前に血も凍るような恐ろしい事件が起きたのである。その事件ではわずか6日間で8人が死亡、2人が重傷を負い、半壊した民家は10軒を数えた。ただし、これは竜巻や雪崩によって引き起こされたものではない。冬場は雪に閉ざされる小さな山村に、1頭の巨大なヒグマが襲いかかったのである。時折、クマが人を襲う事件は報じられるが、一度にこれほど多くの人命が奪われたとは言葉を失うばかりだ。大正4（1915）年12月に発生した、日本最悪の獣害事件といわれる「三毛別羆事件《さんけべつひぐま》」の悲劇を追った。

◆開拓民に迫る不気味な影

それまでは未開の地も少なくなかった北海道では、明治時代の後半から大正時代にかけて開拓が盛んに行われるようになった。事件が起きた三毛別六線沢《ろくせんざわ》村もそんな開拓地のひとつで、開拓民たちは小さな村をつくって暮らしていたのだ。

村には20軒あまりの小さな家が建っていた。電気や水道もなく、自ら建てた茅葺《かやぶ》き屋根の家はどうにか雨風をしのげる程度の粗末なものだったが、村人たちは厳しい環境の中で力を合わせて農業を営みながら暮らしていた。

事件の発端は、ある民家の軒下に干してあったトウモロコシを1頭の巨大なクマが漁りにきたことだった。村人はすぐさまそのクマ目がけて発砲したが仕留めることはできず、傷を負ったクマを山中へ逃がしてしまう。手負いの獣ほど恐ろしいものはない。それから数日後の白昼、悲劇は突如として幕を開けたのである。

早朝から山に出かけていた村人が昼食をとりに家に戻ってくると、いつもは子供の声が家の外にまで響き渡っているはずがしんと静まり返り、家の周囲にはかすかに血の匂いが漂っていた。不穏な空気を感じたまま急いで中に入ると、囲炉裏《いろり》の側には喉をえぐられて変わり果てた姿になった子供が横たわっていたのだ。家の外壁は一部が壊され、荒らされた屋内にはあちこちに血が飛び散っていた。ところが、子供と一緒にいたはずの母親の姿はどこにもなく、雪原には血痕と何かを引きずったような跡だけが林に向かって続いていたという。被害のすさまじさから、それがヒグマの仕業であることは疑いようもなかった。

翌朝、捜索隊が付近の林の中で発見したのは、行方不明になっていた母親のものらしき足と頭部の一部だった。

現場に再現された襲撃のシーン。ヒグマも建物も実際の大きさに合わせてある。

◆通夜にあらわれた巨大ヒグマ

母親の遺体が発見されたその夜、被害に遭った家では母子2人の通夜が営まれた。獲物を残したヒグマはその近くを離れないという習性があるため、村人は銃やノコギリ、ナタを手に通夜に参列せざるを得なかった。ところが、人々が恐れていたことが現実となった。通夜振る舞いが行われていたさ中、突如として家の壁がバリバリと音をたてて壊され、人々の警戒をあざ笑うかのように巨大なヒグマが再び姿を現したのである。

林の中に残しておいた獲物である女性の遺体を奪われたため、その匂いを頼りに通夜が執り行われている家まで奪い返しにきたのだ。ヒグマは屋内に踏み込むと棺を蹴散らし、鋭い爪を備えた前足を振りかざした。ランプの火が消え室内は真っ暗になり、人々は立ち向かうどころか逃げ惑うことしかできなかった。ようやく銃を持った村人が発砲したが仕留めることはできず、銃声に驚いたクマは夜の闇に消えていったのだ。

獲物を奪われてさらに凶暴になっていたヒグマは、数分後に今度は500メートルほど離れた民家に姿を現すと、そこにいた女性や子供10人に襲いかかった。この家では合わせて6人があっという間に命を奪われ、なかには腹を裂かれて胎児もろとも命を絶たれた身重の女性もいた。室内にはヒグマが人の骨をかみ砕く不気味な音が響き渡ったという。こうして、わずか2日のうちに8人の村人が犠牲になったのである。

その後も討伐隊の前に何度も姿を現したヒグマは、最初の襲撃から6日後、伝説のマタギとして知られた山本兵吉によってようやく仕留められた。

三渓神社にある熊害慰霊碑。「犠牲者１人につき10頭のヒグマを仕留める」と誓い、成し遂げたヒグマ撃ち・大川春義氏によって立てられた。（写真提供：パオちゃん）

◆巨大ヒグマの身長は2・7メートル

そのヒグマはオスで、重さは３４０キログラム、身の丈は２・７メートルもあったという。人の身長をはるかに上回る巨大ヒグマの凶行は、１頭のヒグマのためにのべ６００人の討伐隊と60丁もの鉄砲が集められた。当時の新聞でも報じられ、北海道に暮らす人々を恐怖に陥れたのである。

かつて凄惨な事件が起きた地域からほど近い場所にある神社には「熊害慰霊碑」が建てられ、凶暴なヒグマによって命を絶たれた開拓民たちの名前が刻まれている。

人が自然を支配することはできないことをあらためて思い知らされる事件である。

１３００人を乗せて沈んだ巨大船

◆台風による強風で出航をためらう

１５００人以上の犠牲者を出したイギリスのタイタニック号の沈没事故は世界最大の海難事故として名高いが、その事故に次ぐ多くの犠牲者を出した大事故が、昭和29（１９５４）年に日本で起きていることをご存じだろうか。

北海道と本州を結ぶ青函連絡船の洞爺丸《とうやまる》が暴風雨によって函館港沖で座礁、１３００人以上の乗客を乗せたまま沈没してその９割が帰らぬ人となったのだ。いうまでもなく、日本史上最悪の海難事故である。

昭和29年9月26日、九州地方を通過した台風15号は、中国地方を抜けると時速１００キロメートルを超える驚異的な速度で日本海を北上していた。

予想される進路は東北地方から北海道全土とじつに広範囲で、悪いことにその勢力は北上にともなってますます大きくなっていった。

この日の午後、函館から青森に向けて出港するはずだった洞爺丸は、台風がもたらす激しい雨と風によってすでに4時間もの間、函館湾で立ち往生を余儀なくされていた。

この間、いつ出航するかわからない状況に業を煮やした50名ほどの乗客が下船していったという。結果的に彼らが命拾いをすることになろうとは、その場に居合わせた誰が予想しただろうか。

沈没前の洞爺丸

◆出航直後に立ち往生

雨がわずかに弱まってきた午後6時半頃、洞爺丸はついに港を発った。ところが、函館港を出ると風雨は再び激しくなり、あっという間に操舵室の視界は奪われてしまう。

結局、港から5キロメートルも進んでいないところで船は青森行きを断念した。さらに港に戻るのも危険と判断し、七重浜沖で錨《いかり》を降ろして風雨が収まるのを待つことになったのである。

ところが、まもなくして漂流を始めた洞爺丸は、ドーンという衝撃とともに何かに乗り上げて航行不能に陥ってしまう。そこは台風の大波で海底の砂が集められて海中に現れた小さな山のような場所で、船は運悪くその頂に乗り上げたのだ。

やがて船の心臓部である機関室が浸水し、船内の電灯も消え、誰もが祈るような気持ちで救助船の到着を待っていたそのときだった。4000トン近くある巨体が、最大風速50メートル以上という強風にあおられて大きく揺れ始めたのだ。

そのうちに船はゆっくりと右に傾き始め、巨大な波の一撃を受けて横転すると、煙突を海底に突き刺すような格好で裏返ってしまったのである。船内には一気に水が流れ込み、多くの乗客と乗組員は船室に閉じ込められたまま溺れ死んだ。船の外に投げ出された者も、激しい波によって視界と体の自由を奪われて次々と海底に沈んでいった。

◆目を見開いたままの遺体

翌朝、函館の七重浜に打ち上げられた遺体はその多くがカッと目を見開いたままだっ

七重浜に打ち上げられた洞爺丸の破片。奥の方では遺体捜索が行われている。

た。これは、海を漂ううちに波によって無残にも瞼をこじ開けられたためだったという。また、あまりの犠牲者の多さに函館市内にある火葬場だけでは間に合わず、七重浜には遺体安置所のほかに仮設の火葬場が造られている。

　半狂乱となった遺族が詰めかけた海岸は修羅場と化した。

　そんな恐ろしい光景が繰り広げられた七重浜では、事故後にずぶ濡れの謎の女性の目撃談などが相次ぎ、亡くなった人々の霊がさまよっているのではないかと噂されたこともあった。

　事故の翌年、七重浜には犠牲者を弔う慰霊碑が立てられ、いまでも事故が起きた9月26日には慰霊祭が催されている。

30人の村人を1人で殺した青年

◆山奥で起こった大量殺人

横溝正史の代表作のひとつ『八つ墓村』は、これまでに何度も映画化やドラマ化されてきた。過去に大量殺人を犯した犯人が行方不明になっているなか、新たな連続殺人事件が発生し、その難事件におなじみの探偵・金田一耕助が挑むといったミステリーだ。『八つ墓村』のストーリーはもちろん横溝氏の創作ではあるが、じつはこの小説は実際に起きたある事件を題材にしている。事件の舞台となったのは岡山県旧西加茂村、現在の津山市にあたる場所だ。JR岡山駅から快速電車でおよそ1時間の津山市は城下町として栄えた頃の街並みがいまも残っていて、名所旧跡が市内のあちこちに点在している。西加茂村はそんな津山市の北東部、鳥取県との県境近くに位置していた。四方を険しい山や森林に囲まれた山あいの小さな村である。

昭和13（１９３８）年、この静かな村で「津山30人殺し」と呼ばれる陰惨な殺人事件が起きた。わずか1時間半ほどの間に30人もの村人が殺害されたのだ。

事件が起こった集落

◆武器を手にして夜闇を走る

事件は都井睦雄《といむつお》というたった１人の青年によって引き起こされた。

犯行が行われたのは深夜だが、事前に電線を切断して村中を真っ暗にしておくという念の入れようだった。

黒い学生服を身に着けた彼はひざ下にゲートルを巻き、地下足袋を履く。頭にタオルで２個の懐中電灯を縛りつけ、首からは自転車用のライトを下げた。武器は腰に下げた1本の日本刀と２本の匕首《あいくち》、そして9連発に改造した猟銃だ。背中のリュックには実弾が１００発も入っていた。

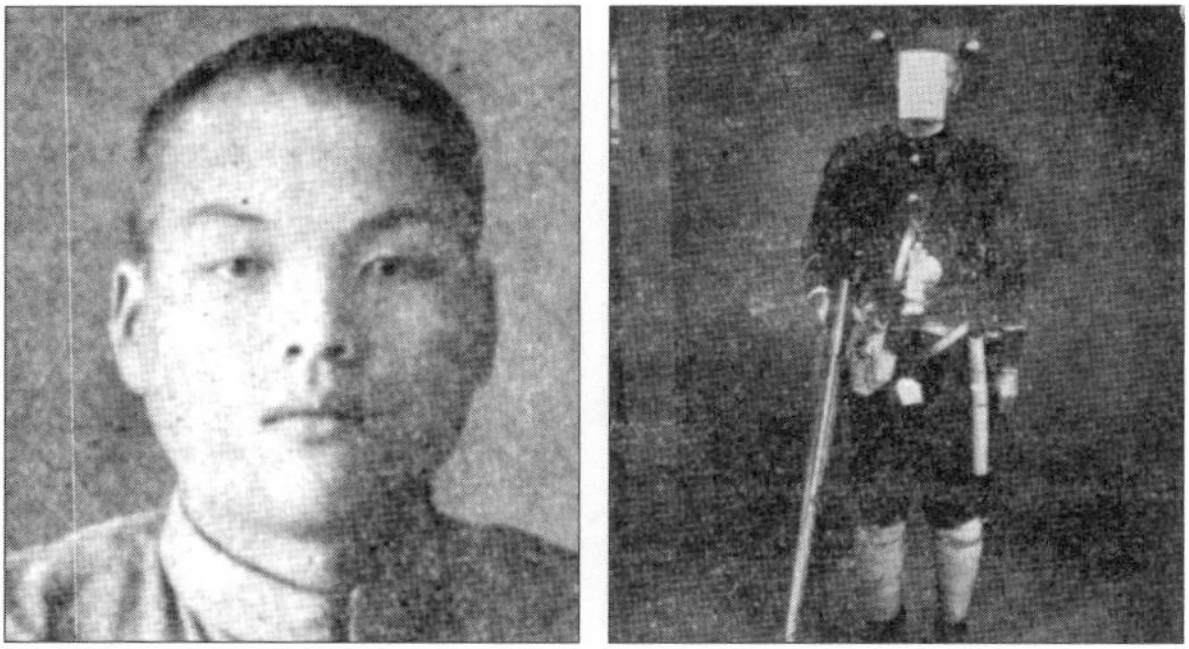

犯人・都井睦雄（左）と、犯行当時の都井の格好の再現（右）

最初の被害者は都井と同居していた祖母である。1人で残されて後ろ指を指されながら生きていくのは忍びないと思ったのか、都井は眠っている祖母に手を合わせると、その首に斧を振り降ろした。

それから闇に包まれた村に飛び出すと、次々と村人を襲い始めた。3つのライトを光らせながら走り回る彼の姿は、さながら3つ目の化け物のようであったという。

突然寝込みを襲われた人々は驚くばかりで抵抗することもできず、日本刀と猟銃の餌食となり虫けらのように殺されていった。都井に踏み込まれた家々には無残な遺体が転がり、血の海が広がる。深夜の村はまさに地獄絵図と化したのである。

この一件は、即死者28名、重傷を負って間もなく亡くなった者2名、負傷者3名という大惨事となった。当時、集落には23戸、111名が住んでおり、一夜にして住民の約3分の1が命を落としたのである。これほど短時間のうちに大量の人間が殺害された事件は日本の犯罪史上でも類を見ない。

事件の直後、都井は村から数キロ離れた山の中で自殺した。

◆犯行の動機は復讐

犯人の都井は20歳のときに結核と診断されて徴兵検査を不合格になっている。かつて結核は感染の恐れがある不治の病だと考えられていたのだ。兵隊になるのが名誉だった時代に、兵役不合格と病気というショックは彼にとって大きな心痛になったに違いない。

結核を恐れてか、親しかった女性たちも離れていった。遺書には彼女たちに対する深い恨みもつづられており、最初は復讐が目的だったようだ。

しかし、猟銃を買い入れて射撃訓練を行う都井の姿は村人たちからも警戒され、それが村全体への憎悪に変わっていったともみられている。

旧西加茂村には現在では新しい家々も建ち並び、事件当時を知る人々もほとんどいなくなったという。悲しい過去を消し去るかのように辺りは静かなたたずまいを見せている。

199人が凍死した「死の行軍」

◆青森の山中で起きた遭難事件

青森県青森市の南にそびえる八甲田山は、日本百名山のひとつにも数えられる名峰だ。ただし八甲田山という名称の山はなく、最高峰である八甲田大岳（標高1584メートル）を含めた複数の火山によって形づくられている。

その八甲田山の麓にあって、山々を一望できる小高い丘の上に「雪中行軍遭難記念像」と呼ばれる一体の銅像が立っている。目深にかぶった帽子と足もとまである長いコートで身を包み、銃を手に勇ましく立つ兵士の姿を再現したその像は、いまから120年近く前に起きたある事件で、死の淵から生還した人物を称えたものだ。

これまでに何度となく小説や映画の題材になったその事件とは、わずか5日の間に200人近い凍死者を出し、〝死の行軍〟と呼ばれいまも語り継がれている八甲田山雪中行軍遭難事件である。いまでこそスキーや温泉を目当てに冬場でも多くの観光客が訪れる冬の八甲田山だが、かつては冬ともなれば地元の猟師からも魔の山と恐れられるほど危険な山だった。青森湾や竜飛《たっぴ》岬から吹きつける海風が山の中腹でぶつかって激しく吹き下ろし、猛吹雪を引き起こすのだ。

立ったまま仮死状態で発見された後藤伍長の姿を再現した雪中行軍遭難記念像

◆戦争に向けておこなわれた訓練

明治35（1902）年1月、青森旧陸軍歩兵第5連隊は八甲田山を踏破する雪中歩行訓練を命じられた。北方の大国であるロシアとの開戦が迫るなか、極寒の地での戦闘を想定した1泊2日の訓練だった。数日前に行われた予行演習は天候にも恵まれて予定通りに実施されたこと、さらにわずか1泊の訓練とあって、兵士たちには多少の気の緩みもあったのかもしれない。行軍に臨む兵士たちにはわずかな準備期間しか与えられず、支給された携帯用の食糧も1日分のみだったという。

ところが、隊の出発に合わせるかのように、北海道から東北地方にかけて記録的な大寒波が到来する。歩兵第5連隊の総勢210人を待ち構えていたのは、激しい吹雪が吹きすさぶ白い地獄だったのだ。

◆どんどん減っていく兵士の数

1月23日早朝、連隊は青森市郊外の駐屯地を出発した。計画では八甲田山の山麓を越えて、その日のうちには目的地である田代元湯に到達するはずだった。しかし、出発から間もなくすると天候は急変。想像を絶する猛吹雪に襲われた一行はたちまち道を見失ってしまった。兵士たちは視界を奪われ、自分たちがどこにいるのか把握できないままの状態で歩き続けた。

そのまま日没を迎えた彼らは青森に引き返すことを決めたが、結局それから4日もの間、十分な食事も休息もとれないままでさまよい続けることになるのだ。

第5連隊の野営地を捜索する人々

この猛烈な寒波の影響で、当時青森市内でも日中の最高気温はマイナス8度までしか上がらなかったという。雪深い山中はいったいどれほどの寒さだったのだろうか。

極限状態の中で食糧も水筒の水も凍りつき、隊列についていけず行方不明になってしまう者や、睡魔に勝てず目を閉じたまま凍死する者が続出した。行軍を続ける兵士の数はみるみる減っていった。

◆210人中生存者は11人だけ

遭難から4日目の27日、青森の駐屯地から派遣された救護隊が雪原で奇妙なものを発見する。それは、目を見開いて仁王立ちのまま仮死状態となっていた歩兵第5連隊の後藤伍長の姿だった。

彼は上官から救助を呼んでくるよう命じられたが、激しい疲労と凍傷のためしだいに体の自由がきかなくなり、ついに一歩も進めなくなってしまった。しかし、意識を失ってなお、捜索隊の目印になるよう雪のなかに立ち続けたと考えられている。いまでも八甲田に残る銅像は、このときの後藤伍長の姿を再現したものである。

こうして遭難していた兵士は1人、また1人と発見されていったが、そのほとんどが雪にまみれたまま凍死していた。210人中生存者はわずか11人のみで、生き残った者も重度の凍傷から手足を切断するしかなかったというありさまだった。雪原に埋まっているところを発見された兵士の体に軍医が注射を打とうとしたところ、全身が凍りついていたために針が折れてしまった、という信じられない話まで残っているのだ。結局、すべての遺体を収容できたのは雪もすっかり融けたその年の初夏の頃のことだったという。

昭和40年代になって頂上行きのロープウェーも開通し、八甲田山は青森を代表する観光地のひとつとなった。後藤伍長の銅像もすっかり観光名所となって見学者が途絶えることはない。

しかし、平成9（1997）年には山中で訓練中の自衛隊員が火山ガス中毒によって倒れて3名の死亡者を出す事故が起きたように、魔の山はいまでも時折その恐ろしい顔をのぞかせるのである。

118人が死んだデパート大火災

◆大阪の中心地にあった巨大デパート

笑いの殿堂として知られるなんばグランド花月、阪神タイガースの熱狂的なファンが飛び込むことで有名になってしまった道頓堀川、そして有名なグリコの巨大な看板……。

ミナミと呼ばれるエリアでは大阪を象徴するようなさまざまな風景に出会える。それだけでなく、ショッピングや食事などいろいろな楽しみ方ができるため、このあたりはいつも人通りが絶えない。ミナミは大阪を代表する繁華街といえるだろう。

ところが、このミナミではかつて多くの死傷者を出した火災があった。そのせいか、関西随一の心霊スポットとひそかにいわれているのである。

いまから50年ほど前、なんばグランド花月からもほど近い千日前で、史上最悪といわれるビル火災が起きた。「千日デパートビル火災事件」である。

この火災では78名が負傷し、１１８名もの死亡者を出すという悲惨な結末をもたらしたのだ。

◆あっという間に広がった有毒ガス

昭和47（１９７２）年5月13日午後10時半頃、大阪市南区（現・中央区）にあった千日デパートで火災が発生した。

地上7階、地下1階からなる千日デパートは百貨店やスーパー、飲食店などが入る雑居ビルで、火元は3階にあるスーパーだった。

衣料品など可燃性の商品が多いこともあって火はまたたく間に燃え広がり、さらに新建材が燃えて有毒ガスが発生した。

熱気と黒煙に阻まれて消防士もなかなか中に踏み込めない。窓という窓が割れ、煙やガスをもうもうと噴き出す。ビルはさながら巨大な煙突と化したのである。

この時間、営業していたのは地下の飲食店と7階のアルバイトサロン「プレイタウン」だけである。アルバイトサロンとはいわばキャバレーのような店だ。店内は客とホステス、従業員をあわせて約１６０人もの人で賑わっていた。

炎上する千日デパート（写真提供：毎日新聞社）

階下が煙と炎に包まれて逃げ場を失った7階の人々は、窓から身を乗り出して助けを求めた。中からは悲鳴や絶叫も聞こえてくる。はしご車も駆けつけてはいたが、圧倒的に数が足りない。

そして、恐怖と焦りに突き動かされた人たちは、東側にあるアーケードめがけて飛び降り始めたのだ。ビルの高さは22メートルもあり、あまりにも無謀な試みである。グシャ、ゴキッと、アーケードを突き破った人が地面にたたきつけられる音がした。あたりには壊れたハイヒールや片方だけの靴が散らばり、路上は血に染まった。

◆建物に閉じ込められ死んだ人々

翌朝の新聞各紙は火災による死亡者は二十数名と発表している。ほとんどが飛び降りによる死亡だった。だが、被害はこれだけではなかったのだ。

ようやく救助隊がビル内に入ることができたのは、火勢が衰えた明け方のことである。炎は2〜4階を全焼させたものの、7階は無傷のままだった。しかし、ここで救助隊は息を呑むような惨状に出くわす。

取り残された人々が、あちらこちらで折り重なるように倒れ伏していたのだ。通気ダクトや階段などを伝って上ってきた煙に巻かれ、みな一酸化炭素中毒で亡くなっていたのである。

この火事では、防火設備の不備が被害を拡大させたと指摘された。それが消防法改正の動きへとつながり、スプリンクラーや自動火災報知設備の設置が義務づけられた。

ちなみに、火災のあと、ビルは12年間も放置されたままだった。そのため、ここで亡くなった人の幽霊が出るとか、何かが落ちる音がするといった怪談話も噂され、心霊スポットのひとつとなったわけだ。

その後、昭和59（1984）年には女性向けのデパートに生まれ変わり、平成13（2001）年からは家電量販店の店舗になっている。

171人が死んだ過酷な工事現場

◆日本最大のダムを作るための大工事

日本は古くから山岳信仰が盛んな国だが、富山県にある立山《たてやま》もまた地域住民にとっては聖地たる場所である。

その霊峰の東側に巨大なダムがお目見えしたのは昭和38（1963）年のことだ。お椀を縦に割ったような形をしたアーチ式ドーム越流型の水力発電ダムで、高さ186メートルの壁面は昔もいまも日本最大である。

ダム建設の背景にあったのは戦後の深刻な電力不足だ。とくに関西地方は渇水や石炭不足から電力制限を余儀なくされ、最もひどい時には1週間のうち3日も停電するという非常事態を招いていた。そこで関西電力が白羽の矢を立てたのが、豊富な水量と電気をつくるための大きな落差が確保できる富山県の黒部峡谷だ。しかし、北アル

日本最大の黒部ダム（©Qurren/CC-BY-SA 3.0）

プスの厳しい自然を切り裂いて、ダムを建設するのは容易なことではない。工事は昭和31（1956）年に始まったが、その先には予想だにしないアクシデントと大きな代償が待っていたのである。

◆事故によって死んだ171人

「黒部ダム」と名づけられたそのダムの建設予定地は北アルプスの山奥で、富山県の立山あるいは長野県の大町のいずれかからしかたどり着けない困難な場所にあった。

そこで、急務となったのが大町から建設予定地まで輸送路となるトンネルを掘ることである。

この大町ルートの掘削工事は急ピッチで進められたが、トンネルの入口から1・6キ

黒部ダムにつくられた犠牲者の慰霊碑（©Kahusi/CC-BY-SA 3.0）

ロメートル地点で長さ80メートルの破砕帯《はさい》にぶつかるアクシデントが発生する。

破砕帯とは砕かれた岩石が帯状になっている強度の低い断層で、トンネル工事では最も危険視すべき地質構造なのだ。この時は水温4度の冷たい地下水が、毎秒660リットルという猛烈な勢いとともに噴出し、たちまち坑内を水浸しにするという非常事態に陥った。

結局、ふつうなら8日間で掘り終える長さを7ヵ月かけて攻略し、トンネルは開通した。

一方、富山方面からも危険な山岳路をつたって徒歩やトロッコなどで資機材を運搬した人たちがいた。この運搬夫は最盛期で400人もいたという。

着工から7年後、悲願のダムは完成したが、トンネル工事の従事者や運搬夫など171人の死者

「高熱隧道」区間付近（©Spinningcat/CC-BY-SA 3.0）

を出してしまった。

現在、ダム堰堤《えんてい》東側の一角には殉職者の慰霊碑が立っており、そこには犠牲者全員の名前が刻まれている。

◆超難工事だったもうひとつのダム

黒部ダムは黒部第四発電所に水を送るために建設されたため、当初は「黒四《くろよん》ダム」の異名をとったが、じつは同じ黒部川には「黒三ダム」も存在しているのをご存じだろうか。

正式名称を「仙人谷《せんにんだに》ダム」というこのダムは、黒部ダムの完成から20年以上も前の昭和15（1940）年に完成した。

第二次世界大戦前に当時の日本電力という電力会社が建設したものでいまも現役だが、じつはこちらのダム工事は黒部ダムをも超える難工事だったのである。

仙人谷ダムの敵は高熱の断層だった。岩盤の温度は１６０度を優に超え、ダイナマイトが自然発火してしまうほどの灼熱地獄だったと伝えられている。

暴発事故や熱中症、泡雪崩、転落死などを含めた死者は３００人にも及び、映画やドキュメンタリーなどでその過酷さがクローズアップされる黒部ダムの犠牲者をはるかに上回っている。

この厳しい工事の様子はいまから半世紀以上前に書かれた小説『高熱隧道』にも詳しいが、警察から何度も工事の中止命令を受けたという事実を聞けばその危険さが想像できるだろう。

現在、黒部ダムが観光山岳ルート「立山黒部アルペンルート」のハイライトになっているのに対し、仙人谷ダムはいまも修験者の修行場のような険しい自然の中で静かにその役目を果たしている。

囚人が次々と死んだ極寒の刑務所

◆氷点下20度以下極寒の刑務所

北海道の道東に位置する網走《あばしり》は「流氷の町」として知られている。

現在は3万5000人ほどが暮らすオホーツク海沿岸の網走市には、毎年冬になると港や海岸を覆いつくすほど大量の流氷が押し寄せることから、砕氷船に乗って流氷の真っただ中を突き進むツアーも人気だ。

そして、流氷と共にこの網走の名前を広く知らしめているのが、「地の果ての牢獄」「日本で一番北にある刑務所」といわれて多くの犯罪者から恐れられた網走刑務所の存在である。

冬場の気温は氷点下20度にもなるという極寒の地で、囚人たちには辛く厳しい労働が課せられる。

旧網走刑務所の正門。現在は新しい刑務所が建てられ、この正門は博物館網走監獄の正門になっている。

そのうえ、かつての網走刑務所には多くの長期受刑者が収容されていたため、その警備はことのほか厳重なものだったのだ。

人口700人にも満たない小さな漁村だった網走の地に刑務所が建てられたのは明治23（1890）年のことだ。

ロシアの侵攻に備えて、未開の地だった北海道を開拓するための労働力として全国から北海道に囚人が送り込まれ、道内の各地に次々と監獄が建てられたのである。

そのひとつに網走の地が選ばれた理由は、北のオホーツク海、さらに網走湖と能取湖《のとろこ》というふたつの湖に囲まれて囚人が容易に逃げ出すことができない地形にあったといわれている。オホーツク海が流氷で閉ざされると、そこはまさに陸の孤島と化したのだ。

◆過酷な工事によって死んだ囚人たち

やがて、網走には1300人もの囚人が送られ、自らが服役する巨大な刑務所を建てた。

さらには刑務所で働く職員とその家族なども移住してきたことから商店や遊郭までがつくられ、皮肉なことに網走は〝刑務所景気〟で賑わったという。

しかし、活気づく塀の外とは裏腹に、刑務所に送り込まれた囚人たちを待っていたのは悲惨な生活だった。朝になると獄舎の囚人たちの布団には、屋内にもかかわらず霜柱が立ったというのだ。

さらに、彼らは道央とオホーツク沿岸を結ぶ道路の開削工事に駆り出された。

原生林が生い茂る山林に分け入り、突如として襲いかかってくるクマにおびえながら人力だけで道を切り開くのである。

そのうえ、囚人たちは逃亡を防ぐために鉄の玉がついた鎖で2人ずつつながれたままだった。工事が過酷を極めたのはいうまでもない。

工事は昼夜を問わず強行され、栄養失調やケガなどから命を落とす者が続出した。

石材の切り出しを行う人々

あまりの過酷な環境に耐え切れず逃亡を図り、あえなくその場で看守に斬り殺された囚人も１人や２人ではなかった。

最終的には２００人以上の犠牲者を出したといわれ、命を落とした囚人はその場に埋葬されたと伝えられている。

◆投獄された犯罪者たちの来歴

この網走刑務所には政治犯から凶悪犯までさまざまな犯罪者が投獄されていた。

20世紀最大のスパイ事件といわれるゾルゲ事件に関与したスパイや、昭和19（１９４４）年5月に起きたひかりごけ事件で、遭難の末に死んだ乗組員の人肉を食べて死体損壊の罪に問われた船長も服役している。

博物館網走監獄には「昭和の脱獄王」白鳥由栄の脱獄シーンが再現されている。

また、受刑者の中には、生涯で６度もの脱獄を繰り返した伝説の脱獄王として名をはせた五寸釘寅吉《ごすんくぎとらきち》や、白鳥《しらとり》由栄《よしえ》の名前もある。

　こうして１００年以上もの間歴史を刻み続けた木造の獄舎はそのまま移設され、現在では網走刑務所を見下ろす天都山中腹に開館した博物館網走監獄で一般に公開されている。東京ドーム３・５個分もの広大な敷地には、「赤レンガ門」と呼ばれる巨大な正門も再現され、今日も多くの観光客が訪れている。

　とはいえ、不気味な存在感を漂わせるレンガ造りの門をくぐる時の得もいわれぬ緊張感は、かつて囚人たちも味わったのと同じものに違いない。

273体の胴体が埋められた場所

◆胴体だけが葬られた人々の碑

高知市の中心部にある南はりまや橋から、坂本龍馬の銅像で有名な桂浜へ向かうバスの途中、地蔵前というバス停からすぐの場所に石丸神社がある。

この神社の境内には「一領《いちりょう》具足《ぐそく》供養の碑」という石碑が建てられており、そこには273人の一領具足が眠っている。一領具足とはふだんは田畑で農業をし、ひとたび合戦の知らせが入れば兵士となって戦う下級武士のことだ。具足、つまり鎧など一領（一そろい）の武具を身にまとい、戦場を走り回ることからこのように呼ばれた。

彼らは身分こそ下級武士だとはいえ、土佐の統一、さらには四国平定を成し遂げた長《ちょう》宗我部《そかべ》氏の主力部隊となった勇ましい者たちである。

碑が建てられるからにはさぞや目覚ましい活躍をしたのだろうと思うが、彼らは名誉の戦死を遂げたわけではない。じつは一揆を起こした反逆者として首をはねられたのだ。しかも、そこに葬られているのは彼らの胴体だけなのである。

◆強い忠誠心が起こさせた一揆

戦国時代、四国でめきめきと頭角を現したのが土佐の長宗我部氏だった。

長宗我部元親《もとちか》は四国全域を支配下に置くほどの勢力を誇り、元親のリーダーシップの下で土佐は繁栄していったのだ。豊臣秀吉の世になって土佐以外は没収されたものの、秀吉の戦いに貢献し、期待に応え続けている。

しかし、関ヶ原の戦いが事態を一変させる。元親の跡を継いだ盛親は西軍に加担したため、家康に領地を取り上げられてしまったのだ。土佐は山内一豊《かずとよ》が治めることになり、居城としていた浦戸城も明け渡さなくてはならなかった。

これに激しく反発したのが一領具足たちである。彼らは盛親に長宗我部のものだった土佐の半分を与えてほしい、それが無理ならわずかでも残してほしいと要求する。

この要求が受け入れられないのなら、断固として城の明け渡しは拒否するというのが彼らの主張だった。もちろん、山内側がこんな要求を呑むはずがなく、一領具足は浦戸

273体の胴体を祀った石丸神社（写真提供 :lameru）

城に籠城して決戦に備えた。

ところが、一領具足の決死の覚悟はもろくも崩れ去ってしまう。盛親の重臣たちは決定に従うことを決めており、浦戸城は彼らの策略によって内側から開けられてしまったのである。

城にこもっていた273人の一領具足は現在石丸神社がある場所から100メートルほど北側のあたりで戦ったというが、ついに敗れてことごとく首をはねられた。これが「浦戸一揆」と呼ばれる一領具足たちの抵抗である。

逆賊として死んでいった一領具足にはさらに厳しい仕打ちが待っていた。273人の首は浦戸でさらされたあと、塩漬けにして大坂に送られたのだ。

土佐に残されたのは彼らの胴体だけだった。首のない遺体はそのまま土佐で埋葬され、のちにそ

死者の霊をなぐさめる六体地蔵（写真提供 :lameru）

の塚の上に石丸神社が建てられたという。

◆近年になって取り戻された名誉

一領具足が籠城した浦戸城址は石丸神社からほど近い場所にある。とはいえ、いまでは天守台や曲輪《くるわ》の一部などわずかな痕跡しか残っておらず、当時の姿を思い描くことは難しいだろう。

昭和に入ってから一領具足供養の碑のかたわらには、六体地蔵や詩人の土井晩翠の詩碑も建てられた。

天下を取った権力者から見れば彼らは反逆者以外のなにものでもないが、見方を変えれば主人に最後まで忠義を尽くそうとした律儀な家臣だといえる。そんな一領具足の霊を慰めるため、地蔵や石碑が建立されたのである。

3章

いまも謎や危険が残る
ヤバイ話

山中に残された「SOS」の謎

◆北海道の山で発見された謎の人骨

数あるモールス信号のなかで、最も送信しやすくわかりやすいといわれているのが「SOS」の3文字だ。ところが、危険な状態にあることを最も簡潔に知らせるためのこのSOSのメッセージが、あるミステリーを呼び寄せてしまったことがある。

平成元（1989）年7月、北海道のほぼ中央に位置する大雪山系で遭難者の捜索をしていた北海道警察のヘリコプターが、上空から奇妙なものを見つけた。

融雪沢上流の湿原に何本ものシラカバの木が並べられ、誰が見間違うでもない巨大なSOSの文字が形づくられていたのだ。

文字が置かれていた湿原はふだんなら登山客は足を踏み入れないエリアだったことから、近くに遭難者がいるはずだとすぐさま捜索が始まった。

現場に入ると、ＳＯＳの文字はひとつが2～3メートルとかなり大きく、その場所に置かれてからかなり時間が経ったものであることが明らかになった。さらに文字の近くからは数本のカセットテープとレコーダーが入った袋と、野生動物によって荒らされたと思われる散乱した人骨が発見されたのである。

大雪山中で発見されたSOSの文字(写真提供:毎日新聞社)

◆カセットテープに残っていた声

ヘリコプターからＳＯＳの文字を写した写真が新聞に掲載され、さらにカセットテープに残されていた声も一般に公開されたことから、この謎の遭難事件は広く知られることとなった。

カセットテープには、「助けてくれ、崖の上で身動きとれず……」と救助を訴える男性の鬼気迫る叫び声が録音されていたのだ。

誰がＳＯＳの文字をつくり、なぜカセットテープに声を吹き込んだのか。そしてこれは誰の声なのか。白骨化した遺体の身元が明らかにならないままに、当時はその理由についてさまざまな憶測が流れた。

やがて、現場に散乱していた人骨は女性のものである可能性が高いという鑑定結果が報告されたことがさらなる謎を呼んだ。なぜなら、このとき大雪山では女性の遭難者の捜索届けは一件も出されていなかったというのだ。

このことから、発見された骨は野生動物によって荒らされた遭難者の変わり果てた姿ではなく、何らかの理由で意図的にバラバラにされたものではなかったのかと、事件性を疑う声までささやかれはじめたのである。

◆遺体が残したいくつもの謎

この謎の事件のあった大雪山系は、旭岳を含めた大雪山連邦の火山群の総称だ。

2000メートル級の山々からなる大雪山系は山岳地帯としては比較的標高は低いが、北海道という土地柄もあり、その緯度が高いことから自然条件は非常に厳しい。本州の3000メートル級の険しい山々にさえ匹敵するといわれるほどだ。

さらに、登山シーズンとされる夏季は6~10月と短いうえ天候も変わりやすく、有人の避難小屋が少ないこともあって毎年のように登山客が命を落としている。
野生動物も多く、凶暴なヒグマに遭遇する危険性もある。

雪をかぶった大雪山系

ＳＯＳのメッセージを残した人物も、ひょんなことから道に迷い、恐怖や孤独、飢えと闘いながら救出される日を待っていたのだろうか。
その後、見つかった人骨は女性のものではなく、遭難届けが出されていた愛知県の男性のものであると断定されて、事件は一応の解決をみた。
ただし、なぜカセットテープに自らの声を録音したのか、またその男性が本当にＳＯＳの文字をつくったのかはいまだに謎のままである。
テープに残された、一度耳にすると忘れることはできない悲痛な叫び声は、いまでも多くの登山客に警鐘を鳴らしているのだ。

都会の中にぽつんと残された謎の森

◆駅の近くにある「禁足地」

何らかの事情で人の立ち入りを禁じている場所は日本各地にある。

その多くは神社や寺院にある神域や聖域で、実際には名ばかりのところもある一方で、関係者や地域住民が古くから守られてきた決まりを重んじ、大切に崇めているところも多い。いわゆる〝禁足地〟と呼ばれる場所である。

じつは都心からわずか30分の場所にも、伝説的な禁足地があることをご存じだろうか。千葉県市川市、ＪＲ総武線本八幡駅から国道沿いを進むと、ほどなくして森のような緑が集まる場所に出くわす。

四方は石塀に囲まれ、面積は20平方メートル程度とさほど大きくはなく、正面には「不知森神社」と書かれた古びた鳥居と小さな祠がある。森といってもその大半は竹で、つまりはうっそうとした竹藪だ。

ここは「不知八幡森《しらずやわたのもり》」または「八幡《やわた》の藪知《やぶし》らず」と呼ばれる場所で、地域では足を踏み入れてはいけない領域として古くから畏れられてきた。

というのも、古くからこの森には数々の不気味な伝承が存在したためである。

「八幡の藪知らず」正面

◆存在の理由がよく分からない

不知八幡森は、少なくとも江戸時代には立ち入ってはならない場所として知られていた。

その理由に定説はなく、葛飾八幡宮を最初に勧請した聖地であるとか、大和武尊の陣所、あるいは貴人の古墳の跡だといった聖域説と、平将門を討った平貞盛《さだもり》がここで八門遁甲の陣を敷き、死門（あの世への入口）の一角を残した、また平将門の首を追い求めた家臣６人が入り込み、怨念を抱いたまま泥人形になったという逸話があるなど、じつにさまざまである。

◆森に迷い込んでしまった水戸光圀

ところで、はるか昔にこの禁足を破った人物がいる。それはあの水戸光圀《みつくに》公だ。この近くを通りがかった光圀公が、藪の噂を聞きつけ周囲の制止を振り切って足を踏み入れた。昼間にもかかわらず道に迷った光圀公は藪の中で神の怒りに触れ、命からがら脱出したのちに、住民に「ここには絶対に立ち入らないように」と言い渡したという。このエピソードはのちに錦絵にも描かれている。

この話に尾ひれがつき、不知八幡森は入ったら二度と出られない、神隠しの森として全国的に知れ渡るようになった。

そして、いつしか「八幡の藪知らず」という言葉は、迷い込んで出口が見つからないことを表す喩えとして用いられるようになり、いまでは広辞苑にも記載されているのだ。

大蘇芳年画「不知藪八幡之実怪」。右端が水戸光圀。

◆あの世とこの世の境なのか

ちなみに現在、もっとも有力な説は次のとおりだ。

葛飾八幡宮では、その昔「放生会《ほうじょうえ》」という神事を執り行っていた。これは魚や鳥獣を野に放して殺生を戒める供養の儀式であり、この藪にはそのための魚などを生かしておく放生池があった。いつしか儀式の風習は途絶えたが、藪には禁足というタブーだけが残ったのではないかというものである。

地形的にもこの敷地の中央は不自然に窪んでいるため、それが池だったとする説には説得力がある。

ただ、それが転じてか、落ちれば二度と助からない底なし沼があるという怪談まがいの言い伝

竹林は周囲の電線に触れそうなほど茂っている。

えも同時に存在した。いずれにせよ、ここが昔から、あの世とこの世の境のような雰囲気をかもし出していたのだろう。

実際に訪れてみればわかるが、森は子ども一人でも迷いようがない程度の小さな森だ。向かいには市役所が立ち、人通りも多い。

しかしいまも「伸びてきた枝を切ろうとするとその人に不幸がある」といった気味の悪い噂がまことしやかにささやかれるため、近隣住民は畏敬の念を忘れないのである。

老人を捨てたという伝説が残る山

◆悲惨な伝説が残る「おばすて」という地

長野県千曲市の八幡という地区を走るＪＲ篠ノ井線には、姨捨《おばすて》駅という名前の駅がある。小高い山の中腹にあるこの駅の眼下には、ゆったりとした千曲川の流れと日本の棚田百選にも選ばれた棚田「田毎の月」、そして県歌にも歌われる善光寺平の絶景が広がり、ホームはさながら展望台である。

日本三大車窓のひとつにも数えられるため、鉄道ファンにとっては憧れの駅だ。

しかし、やはり気になるのはこの珍しい駅名だろう。姨捨は八幡にある地区の名前である。『古今和歌集』にはすでにこの地が姨捨と呼ばれていたことが書かれており、月見の名所として広く知れ渡っていたようだ。

ただ一般的に、姨捨と聞いて真っ先に連想するのは、口減らしに年寄りを山に捨てたという棄老伝説、いわゆる「姥捨て山」の民話だ。果たして、この場所は恐ろしい民話と関係があるのか。ヒントは姨捨地区にほど近い冠着《かむりき》山にあった。

◆貧乏な村の厳しい掟

標高1252メートルの冠着山は、しばしば姨捨山と呼ばれている。

その名が示すとおり、ここは古くから棄老伝説の発祥の地だと噂されてきた。

この伝説は日本各地で民話として語り継がれており、内容にはいくつかのバリエーションがあるが、共通しているのは年寄りを口減らしとして山に捨てるというものだ。

息子が年老いた母を背負い山へ登ると、そこには白骨死体がいくつも転がり、カラスが集まっている。泣きながら親を捨てる息子と、すべてを受け入れる老いた母――。

殿様の命令に背いて母を納屋に隠し、殿様の無理難題を年寄りの知恵で解決するという結末の話があるが、地域によっては、貧乏な暮らしを強いられる村の厳しい掟として悲しい結末が描かれることもある。

じつは、10世紀の文献『大和物語』には、信州と姥捨て山の伝説を結びつける話が記載されている。それは信州更級《さらしな》に住む男が母親代わりの伯母を山に捨てるが、月の輝きに恥じて翌朝には連れ戻しに行ったという話である。現実には、棄老の風習があったという記録はないし、物語に登場する山が冠着山だという記述もない。だが、月見の名所と棄老伝説が結びついたため、冠着山が姨捨山と呼ばれるようになったというのが大方の見方なのである。

姨捨駅の駅名標（©MOILIP/CC-BY-SA 3.0）

◆地元で語り継がれるもうひとつの伝説

ところが古来、姨捨山と呼ばれた可能性がある場所はもうひとつあった。それが姨捨駅のすぐ下にある長楽寺の一帯である。山号を姨捨山というこの寺には「姨石《うばいわ》」と呼ばれる大きな石があるが、これは山に置き去りにされた姥の怨念が積もってできたとも伝えられているのだ。ただ、いずれにせよ姨捨という地名は、伝説と結びつく以前からあったとするのが地元での考え方のようだ。その

「姨捨山」の別名を持つ冠着山（©Windshear/CC-BY-SA 3.0）

発祥説のひとつを紹介しよう。

その昔、険しい峠からもほど近いこの周辺には旅人の屍が多く見られたが、その頃の死体置き場は「はつせ」と呼んだので、丁寧に「おはつせ」と呼ぶようになり、しだいに「おはすて」へ変化したというものである。もちろん、「おはすて」と「うばすて（おばすて）」が似た響きなのはいうまでもない。

現在、冠着山には登山道が整備され、ハイカーたちの人気を呼んでいる。長楽寺もその眺望や歴史あふれる風情で観光客の姿が絶えない。

かの松尾芭蕉はこの地に立ち寄り、

「おもかげや　姨ひとりなく　月の友」

と詠んだといわれている。この美しい眺めを擁する場所に、残酷な棄老伝説は果たして本当に存在したのか。古い民話に思いをはせつつ、現地を訪れてみるのも一興だろう。

女性を巡り孤島で殺し合った男たち

◆熱帯の島で起こった事件

南海の孤島で、男たちがたった1人の女性をめぐって7年もの間、壮絶な殺し合いを繰り広げる――。

こんな事件を、太平洋戦争末期に日本人が起こしていたことをご存じだろうか。映画化もされた桐野夏生の小説『東京島』のモデルにもなったこの騒動は「アナタハンの女王事件」と呼ばれ、戦争が引き起こした悲劇としていまも語り継がれている。

事件の舞台となったのは、アナタハンという風変わりな名を持つ島である。アナタハン島はフィリピン海に浮かぶマリアナ諸島に属する小島で、サイパンの北120キロメートルのところにある。周囲わずか30キロメートルほどの島は断崖絶壁に囲まれ、しかも一面に熱帯のジャングルが生い茂っていることもあって、現在では島に住む者はいない。

島は太平洋戦争のさ中には日本の統治下にあったため、日系企業がヤシ農園を経営していた。当時は原住民が住んでいたことから、彼らを使ってヤシの栽培を行っていたのだ。農園を管理するために島には数人の日本人も暮らしていた。比嘉《ひが》正一とその妻の和子、そして正一の上司である比嘉菊一郎である。木々には果実が実り、また豊富な海産物にも恵まれたことから食うに事欠く心配もなく、島はまさに南国の楽園だった。

◆難破船に乗ってやってきた男たち

ところが、そんな穏やかな暮らしはアメリカ軍による爆撃が激しさを増すと消え去った。近隣の島に住む親族を迎えに行くといって島を出た正一はいつになっても戻らず、そのまま消息を絶ったのである。和子はやむなく菊一郎と行動を共にすることが増え、いつしか2人は夫婦同然の暮らしを始めた。

そして昭和19（1944）年6月、アメリカ軍の爆撃を受けた漁船が難破して島に流れ着く。船には若い男ばかり31人が乗っていた。こうして島を出られなくなった男たちに、和子と菊一郎を合わせた33人の奇妙な共同生活が始まったのだ。

空襲を避けるため、彼らは山中に隠れて暮らした。着るものに不自由するようになった和子は、男たちに交じってバナナの葉で前を隠すだけという姿で過ごすようになったという。紅一点の和子の存在が男たちを刺激しないはずがなかった。

そのうちに、和子と菊一郎は実の夫婦ではないという話が広まり、男たちが和子を見る目つきははっきりと変わっていった。長引く避難生活による極度の緊張から、男たちの頭から理性の二文字は徐々に消え失せていったのだ。

◆男たちが次々に不審な死をとげる

惨劇は、島に墜落していたアメリカ軍の戦闘機の残骸からピストルが見つかったことから始まった。これが2人の男の手に渡り、どうにか均衡をたもってきた共同生活はもろくも崩れ出したのである。

じつは、このときすでに戦争は終結していて、

アナタハン島

アメリカ軍は拡声器を使って彼らに何度も投降するように呼びかけている。島の誰１人としてこの話を信じる者はいなかったが、このことがますます男たちを混乱させたのだ。

武器を手に入れた２人は島の支配者であるかのように振る舞いはじめ、それぞれ和子に対して自分の妻になるように求めた。これを認めない男たちとの間で争いが始まったのはいうまでもない。２人のうち１人は射殺され、もう１人も海に落ちて死んでしまう。

残った男たちの中からも、欲望をむき出しに和子を我がものにしようとした者が次々と現れたが、そのたびに木から落ちた、海でおぼれたといって１人、また１人と不可解な死を遂げていった。和子の内縁の夫だった菊一郎も、毒でも盛られたのだろうか食中毒で死んでいる。その犠牲者はついに13人にも上ったのだ。

◆最後はただ１人の女が標的になる

文字どおりのサバイバルはその後も続き、男たちはひとつの結論にたどりつく。それは、すべての災いの原因である和子を消し去ればいいという恐ろしいものだった。

密かにこのことを知らされた和子は、襲撃を受ける前にからくもジャングルの中に逃げた。そうして１ヵ月の逃亡生活の末、沖を行くアメリカ軍の船に助けを求めて救助されたのである。和子が島を脱出してからおよそ1年後、生き残った男たちも投降してアメリカ軍の船で帰国し、家族と感動の再会を果たす者もいた。

中央の女性が比嘉和子。

ところが、絶海の孤島からの奇跡の生還劇という美談は、和子をはじめ何人かの生還者が事件に関する生々しい手記を発表したことにより吹き飛んでしまう。

当時のマスコミは島で起きた殺戮劇をセンセーショナルに書き立て、そこから生還した和子を「アナタハン島の女王」と呼んだ。彼女は一躍、時の人となり、ブロマイドが売り出され、事件を題材とした映画の主演を務めるまでになったのである。

しかし、ブームはすぐさま過ぎ去り、和子の人気とともに島で起きた悲惨な事件の話も忘れ去られていった。戦争が生んだ悲劇の女王は故郷の沖縄に帰り、昭和49年に52歳でこの世を去っている。

湖の底に沈む死体と埋蔵金の伝説

◆諏訪湖には武田信玄の墓がある?

海底遺跡や湖底遺跡といった水中に沈められた遺物のエピソードは、古今東西さまざまに存在する。たとえば、長野県の諏訪湖もまたそうしたミステリアスな伝説が伝わっている場所だ。しかも、諏訪湖に沈んでいるのは遺骸が入れられた石棺で、その遺骸の正体があの武田信玄だというから聞き捨てならない。

長野県のほぼ中央に位置する諏訪湖は、古くから信仰の対象として崇められてきた。冬には湖面が凍結してせり上がる「御神渡《おみ》り」という神秘的な現象も起きる。一方の武田信玄といえば、諏訪にほど近い甲斐の国の名将で、天文11(1542)年には諏訪領を落とし、のちに信州国もろとも手に入れている。その信玄の遺骸が諏訪湖に沈んでいるというようにわかには信じがたい噂がどうして伝わっているのかといえば、根拠は信玄自身が残した遺言にある。武田家の歴史を書した『甲陽軍鑑《こうようぐんかん》』などによれば、信玄の遺言は、「自分の死を3年間隠蔽すること」、そして「遺骸は甲冑をつけて諏訪湖に沈めること」だったという。この話が古くから広まったため、諏訪湖では「信玄の水中墓伝説」が根強く語り継がれているのである。

諏訪盆地の中央に位置する諏訪湖（©M abe/CC-BY-SA 3.0）

◆湖底で発見された菱形の遺物

そして近年、この伝説が途端に現実味を帯びた出来事があった。それは昭和62（1987）年、国土地理院がソナーによる湖底の地形調査をしていた時のことだ。委託された民間の技師が、下諏訪町高浜の諏訪湖沖で武田家の家紋と同じ菱形の遺物を発見したのである。

その遺物は1辺25メートルにもなり、すわ信玄の水中墓かと噂がかけめぐった。そして、これがきっかけとなり翌年から2年にわたって本格的な調査が行われたのである。

諏訪湖は平均水深およそ4・5メートル、最大でも7メートルほどと極端に深いわけではないが、湖底はヘドロが渦巻いている。

そうした状況で行われた調査の結果、菱形の正体は南北20数メートル、東西17～20メートルほどの窪地であることがわかった。それが人工物である証拠は見つからなかったが、一説にはその際に紋が入った椀が発見されたともいわれている。結局、真相は解き明かされなかったが、調査以来、伝説の信憑性はいっそう高まったようだ。

◆信玄の埋蔵金伝説

信玄の死後にまつわる謎で忘れてはいけないものが埋蔵金伝説だ。信玄が金山の開発に力を入れていたことはあまりにも有名である。最盛期は甲斐国を中心に12もの金山を擁しており、領内では甲州金という貨幣も流通させていたほどだ。そこで語り継がれているのが、信玄が息子の勝頼のために残したとされる埋蔵金なのだ。

金が隠されている場所のひとつと考えられているのは黒川金山で、現在の山梨県甲州市塩山に位置する鶏冠山《けいかんざん》のふもとにあたる。奥秩父の山深い場所という立地が金を隠すのに適していること、また、金山で働いていた遊女たちを口封じのために殺したという伝説が残っていることなどがその理由だ。

このとき殺された遊女たちは55人にも上り、その現場は「おいらん淵」「五十五人淵」などと呼ばれ、祟りが恐れられる心霊スポットとして有名になってしまった。

ほかに、武田家の家臣の穴山梅雪《ばいせつ》が同じく山梨県の本栖湖の近くに埋めたという説や、じつは遺骸と同じように諏訪湖に沈んでいるという説もあるが、いずれにせよ、埋蔵金の有無については肯定的な見方が強い。

おいらん淵周辺は険しい渓谷が続く。
(©mapplefan8/CC-BY-SA 3.0)

昭和46（1971）年には勝沼町のぶどう園から甲州金が発見され、伝説の後押しをする形になった。信玄亡き後のこの2つのミステリーは、おそらく今後も追究され続けるだろう。

関東地方に広がる将門の恐怖伝説

◆ビジネス街に残された首塚

東京駅の丸の内口から皇居方面へ向かうと、目の前には近代的なビルが建ち並び、その間を広く整備された道路が貫いている。

ここは国内有数のビジネス街である大手町だ。日本はもとより世界に名だたる有名企業のオフィスが置かれている場所だが、地下鉄大手町駅のすぐ近くには、「平将門の首塚」という、およそビジネス街とは縁のないミステリースポットがたたずんでいる。

平将門は下総国《しもうさのくに》の猿島を拠点とした平安中期の有力豪族である。将門は承平5（935）年、一族の内乱から伯父の国香《くにか》を殺めたことをきっかけに兵を挙げ、関東8ヵ国を手中に収めた。そして、自らを「新皇」と名乗り独立国を打ちたてるべく朝廷に対して謀反を起こした。いわゆる「平将門の乱」である。

当然のごとく国家は逆賊とみなし、国香の子である平貞盛や下野《しもつけ》の藤原秀郷《ひでさと》らの追討軍が攻め込んだ。反旗を翻してからわずか2ヵ月後、野望は叶うことなく、将門は無念のうちに命を絶たれたのである。そして、ここから将門の奇妙な伝説が始まったのだ。

ビルに囲まれている大手町の首塚

◆恨みを抱いて空を飛んだ生首

将門が死んだ場所は茨城県西部に位置する坂東市（旧岩井市）である。討伐軍との戦いで流れ矢が眉間に当たったことによる戦死だったが、その首は京都まで運ばれ、都大路でさらし首にされた。ところが、ひと月経っても首は腐らない。それどころか目を見開いたまま、夜な夜な次のような恨み言を叫んでいたという。

「斬られし我が五体はいずれのところにか有らん。此処に来たれ。頭ついで今一軍せん」

胴体を求め続けた首は、ついに怪しい光を放ちながら舞い上がり、東国の空へと飛んでいった。そして、力尽きて落ちた場所が大手町の首塚地点だったのである。

伝説によると、首が関東の地に戻ってきたとき、大地は鳴動し、太陽が隠れたという。村人たちは将門の怨念を恐れたのだろう。塚を築いて首を手厚く埋葬したが、供養が途絶えると疫病が流行り、災害が相次ぐなど不可解な出来事が起こる。

そこで14世紀のはじめに真教上人が供養して法号を与え、首塚のそばにあった神田明神に祀ると、ようやく霊は鎮まったのである。

死んでもなお、その首が京都から江戸まで飛んできた……。にわかには信じがたい怪奇現象だが、ここで将門の怨念が消えたわけではない。祟りはまだまだ続くのである。

◆首塚を動かそうとして死んだ人々

江戸時代に入ると、徳川家康は神田明神を江戸の総鎮守として祀り、江戸城の裏鬼門にあたる現在の位置に移転させたが、首塚はそのまま残された。

時は経ち大正12（1923）年、東京を直撃した関東大震災によって首塚は破損した。これを機に、大蔵省では首塚のある場所に仮庁舎を建てようという話が持ち上がったの

将門の首は京都へ運ばれたが、その後各地に伝説を残すことになった。

である。しかし、いざ工事に入ると関係者の間にケガ人が続出し、不審な死を遂げる者が相次いだ。

死者は14人を数え、その中に時の大蔵大臣だった早速整爾《はやみせいじ》が含まれていたこともあり、たちまち将門の怨霊説がささやかれはじめたのである。結局、仮庁舎は撤去され、盛大な鎮魂祭とともに首塚が再度造られた。この鎮魂祭では大蔵省を中心とした政府要人たちもこぞって玉串を捧げている。

ところが、昭和15（１９４０）年、大蔵省庁舎が落雷で炎上してしまう。落雷場所は首塚のすぐ横で、奇しくもこの年は将門の没後１０００年に当たる年だったのだ。

きわめつけは第二次世界大戦後のことである。日本にやってきたＧＨＱが焼け野原になった首塚付近に駐車場を造ろうとした。すると塚の前でブルドーザーが突然横転し、日本人運転手が下敷きになって死亡するという悲劇が起きたのだ。さすがに時の政府も将門の怨霊の恐ろしさは身にしみていたのだろう。「ここは古代の大酋長《だいしゅうちょう》の墓だ」とGHQに陳情した結果、塚は保存されることになった。以来、この場所は現代までタブー視されているのである。

現在の首塚は緑に囲まれ、まるで大都市のエアポケットのようなたたずまいで、線香を上げる人の姿も多く見られる。近隣で働く人々も畏敬の念を抱いており、「オフィスでは塚に尻を向けないよう机を配置しなくてはならない」などという都市伝説もまだまだ根強い。

◆東京だけではない将門の首塚

ところで、将門の首塚伝説が残るのはじつは東京だけではない。たとえば埼玉県の幸手市《さって》には、将門の愛馬が首をくわえて運んできたという伝説と共に残された首塚があるし、静岡県の掛川市には一門を討伐した藤原秀郷が将門と家臣の19名の首を祀ったと伝えられる首塚が存在する。とくに、掛川市のそれは「十九首塚《じゅうくしゅづか》」と名づけられ、首を洗ったために「血洗い川」と呼ばれた川が近くを流れており、地元では心霊スポットとして知られている。執念に満ちた将門の霊が真に鎮まるのはいつのことになるのだろうか。

事件や事故に見舞われ続ける下関駅

◆本州の最西端にある駅

山口県の下関は本州の最西端に位置しており、関門海峡を挟んで目と鼻の先には福岡県の門司がある。平家が滅んだ壇ノ浦や、宮本武蔵と佐々木小次郎の決闘で有名な巌流島など歴史的な見どころも多い。

ＪＲ下関駅も山陽鉄道の開通に伴い、明治34（１９０１）年にできた古い歴史を持つ駅だ。それ以降、人や物が行き交う西の鉄道拠点となっておおいに賑わってきた。

しかし、この駅はなぜかたびたび災厄に見舞われるという不運を味わっている。そして、平成に入ってからは通り魔や放火といった凶悪な事件の舞台となっているのだ。

とりわけ、平成11（１９９９）年９月29日に起きた通り魔事件は世間を騒然とさせるものだった。わずか21日前には東京の池袋で２人を殺害、６人に重軽傷を負わせる通り

通り魔事件のあった下関駅の現場を検証する捜査員。通行人をはねた白い車は改札口前で停車している。（写真提供：時事通信）

魔事件があり、その衝撃が冷めやらぬなかでの犯行だったからだ。

◆通り魔事件と放火事件の恐怖

午後4時25分頃、1人の男が乗った車が猛スピードで下関駅東口のガラス製ドアを突き破って構内に侵入してきた。暴走はおよそ100メートル先の改札口まで続き、7人を次々とはね飛ばしていく。タイヤがきしむ音と車が人にぶつかる鈍い音がコンコースに響き渡った。

停止した車のボンネットの上にははね上げられてぐったりとした人が、車の下には引きずられてきた人が倒れ伏していた。

車を降りた男は刃渡り18センチの包丁を手にしてホームへの階段を駆け上がった。学校帰り

放火による火災で焼失したＪＲ下関駅（写真提供：時事通信）

の女子高生たちが恐怖の叫びを上げながら逃げ出す。男は８人の乗客の胸や背中に包丁を何度も突き立て、血しぶきが飛び散ったホームは悲鳴と怒号に包まれた。

駆けつけた鉄道警察に現行犯逮捕されるまでわずか十数分のできごとだったが、５人が死亡、10人が重軽傷を負う惨事となったのである。

警察の調べに対して男は「何をやってもうまくいかず、社会に不満があった。誰でもいいから殺してやろうと思った」と、犯行の動機を供述している。まったく無関係の人間を巻き込んだ凶行はあまりにも残虐だったといえよう。

また、平成18（２００６）年には放火事件も起きた。火の手が上がったのは午前２時頃のことだ。駅舎を飲み込んだ大きな炎が夜空を赤く染め、白い煙とパチパチはぜる火の粉があたりに漂っていたという。幸いケガ人は出なかったものの、駅の周辺を含めたのべ3000平方メートルが焼失し、列車の運行にも支障を来した。

この火事で昭和17（1942）年に建設された木造駅舎はほぼ全焼している。老朽化が進んで建て替えを検討していたとはいえ、三角屋根を持つ駅舎はみなに親しまれていた。通り魔、放火と相次ぐ事件に地元の人々は大きなショックを受けたのである。

◆27人が死亡した大爆発事故

じつは、下関駅は大正時代にも大爆発事故に見舞われている。現在の下関駅は関門鉄道トンネルの開通に合わせて竹崎町に移されたもので、当時はもっと下関港に近い細江町にあった。このときは、貨車で運んできた弾薬を港で連絡船に積み込む作業をしている最中に弾薬が爆発した。作業にあたっていた27人が死亡、およそ100人が重軽傷を負ったが、負傷者の半分は列車の乗客だったという。下関駅を発車したばかりの寝台車がまともに爆風をくらい、砕け散った窓ガラスが凶器と化したのである。

このように数々の不運に見舞われても、そのたびに下関駅は立ち直ってきた。そして今日も山口の玄関口としてたくさんの乗降客で賑わっているのだ。

透視の力を主張した女性の末路

◆超能力ブームをつくった女性と学者

熊本県の中部、熊本市から20キロほど南に位置する宇城市不知火《しらぬひ》町は、不知火地区と松合《まつあい》地区に分けられる。このうち松合地区は近隣の特産物が集まる港町として古くから栄え、いまも昔の白壁の土蔵が残る美しい町だ。

そんな歴史あるこの町がまだ松合村と呼ばれていた明治時代、日本中を巻き込んだセンセーショナルな事件の発端となったことがある。世にいう「千里眼事件」だ。主役となったのは松合村で生まれ、千里眼の持ち主といわれた御船千鶴子《みふねちづこ》である。千里眼とは遠くのできごとを知る力を指す言葉で、透視能力という意味でも使われた。千鶴子は透視によって海に落とした指輪のありかを突き止めたとか、炭坑の鉱脈を探し出したとされており、その能力を使って心霊治療のようなことも行っていた。彼女が初めてマスコミに取り上げられたのは明治42（1909）年のことだが、そこから翌年にかけて日本は未曾有の超能力ブームに沸いたのである。しかも、興味本位でおもしろおかしく騒ぎ立てられただけではない。東京帝国大学の心理学者である福来《ふくらい》友吉をはじめ、名だたる大学の研究者たちが科学的見地から彼女の力を証明しようと数々の実験を行ったのだ。しかし、それが千鶴子の自殺という悲劇的な結末を招いてしまうことになったのである。

◆疑惑を呼んだ公開実験

千鶴子が染料用の重クロム酸を飲んで自殺を図ったのは明治44（1911）年1月のことだ。原因は肉親との金銭トラブルだったという説がある一方で、マスコミや学者に自分の能力を否定され、詐欺師呼ばわりされたからだともいわれている。

批判のきっかけとなったのが東京で行われた公開実験での失敗だ。この日は物理学者の山川健次郎が用意した鉛に覆われて中が見えない管を透視する予定になっていた。千鶴子はみごとに中に入っている紙に書いてある文字を当てたのだが、実験後に管が用意されていたものとはすり替わっていることが発覚したのだ。元の管に戻して改めて行われた2回目、3回目の実験では透視に失敗した。

じつは、すり替えを行ったのは千鶴子本人だった。前日に福来から渡された練習用の鉛管を使っていたのである。千鶴子の話によれば、練習用の鉛管なら透視ができたので、どちらでもかまわないと思って取り替えたという。この失敗を機に、千鶴子への疑惑の声が上がるようになったのである。

また、彼女の話題が広まるにつれて自分も超能力者だと名乗り出る人物が続々と現れたのだが、詐欺まがいの者も少なくなかった。そのため、千鶴子の能力にも何かのカラクリがあるのではないかと疑われたのだ。あげくの果てには千鶴子の家族にまで世間の注目が集まり、彼女を取り巻く環境はしだいに微妙なものになっていった。

御船千鶴子（左）と福来友吉（右）

◆千鶴子の自殺で終わった騒動

何度も繰り返される実験はじわじわと千鶴子

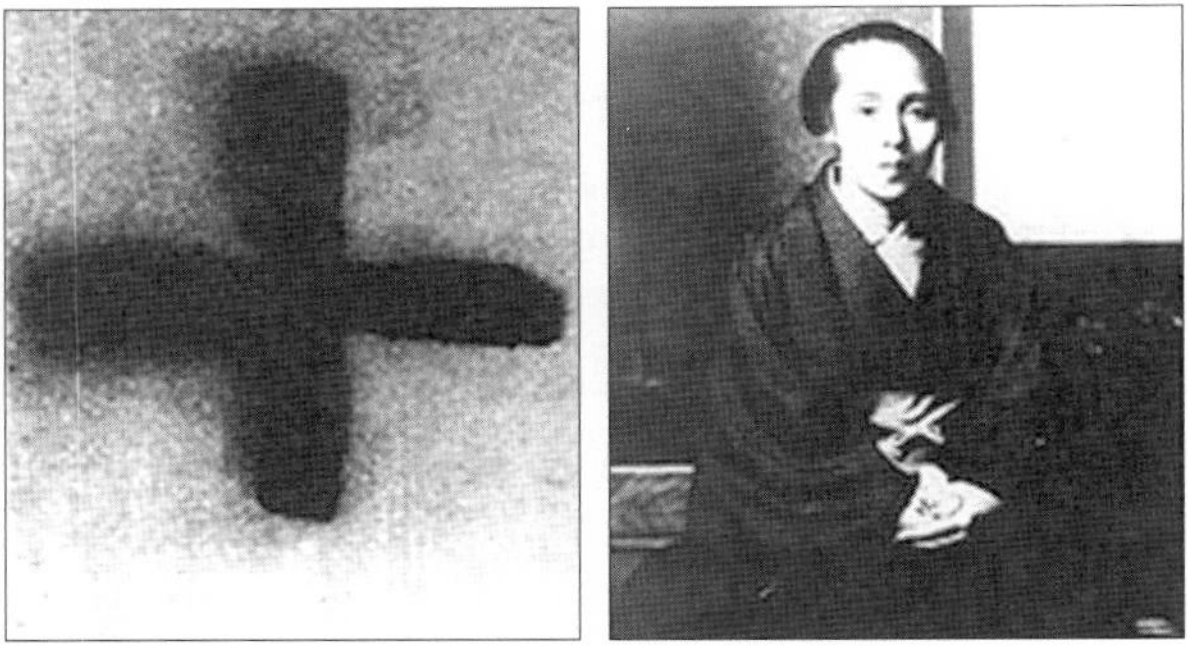

御船千鶴子と同じく透視能力を持つといわれていた長尾郁子（右）。彼女は念写もおこなった（左）。

を精神的に追いつめていった。

実際、透視が成功するのは慣れた道具を使った場合が多かった。それを理由に千鶴子がトリックを使っていたとは断定できなくもないが、周囲の期待に応えなければならないという重圧が彼女の肩にのしかかっていたことは事実だろう。

好奇の目にさらされながら続けられる実験が、結果的に彼女を猛毒を飲んでの自殺という悲劇へ追い込んでしまったのかもしれない。「何も言うことはありません」とだけ言い残して、千鶴子は静かに息を引き取ったという。

現在、松合にある郷土資料館では彼女の25年という短い生涯の一端を垣間見ることができる。果たして、千鶴子には本当に超能力が備わっていたのだろうか。すべては謎のままである。

4章

説明のつかない不可解な現象が起こる場所

人形たちが最後にたどりつく神社

◆人形で埋め尽くされた神社内部

和歌山市の西端、紀淡海峡に面した場所に加太《かだ》という町がある。

加太は万葉の昔からその美しい景色で知られ、晴れている日には淡路島や四国の山々まで見渡せる絶景の地だ。

そんな加太の海岸近くに淡嶋神社がある。その起源は神功《じんぐう》皇后の時代にまでさかのぼるとされている由緒ある神社で、伝説によると神功皇后は朝鮮半島に出兵した帰り道で嵐に遭い、神に祈りを捧げたところ友ヶ島にたどり着くことができたというのだ。

友ヶ島は加太港から汽船で20分ほどの距離にある4つの島々の総称だ。島には少彦名《すくなひこな》命《みこと》を祀った祠があり、神功皇后は感謝の印に大陸から持ち帰った品々を奉納した。

その後、神功皇后の孫である仁徳天皇が、島にあった祠を加太に移したのだという。

淡嶋神社に集められた雛人形（写真 :enmoto）

その少彦名命は医薬の神様であるために、とくに婦人病や安産にご利益があるといわれ、淡嶋神社には女性の参拝客が多く訪れる。

また、雛《ひな》流しの神事が行われることでも有名で、毎年3月3日には雛人形を山積みにした白木の船を海に流し、厄払いと人形の供養をするのである。

しかし、そんな事前情報を得ていたとしても、そこに一歩足を踏み入れれば一瞬身震いし、その光景に誰もが驚いてしまうかもしれない。

なぜなら、拝殿やその周囲をあらゆる種類の人形がぎっしりと埋め尽くしているからである。

◆髪が伸びる人形の謎

人形供養をしてくれる淡嶋神社には全国から

人形が奉納され、その数は年間30万体を超えるという。

人形というものはかわいいとか、きれいだと思うと同時に、怖さも感じさせるところがあるものだ。

しかし、これだけずらりと人形が並んでいると異空間に迷い込んだようで、どことなく背筋が寒くなるのを抑えられない。

しかも、奉納された人形の中にはいわくつきのものも含まれている。髪の毛が伸びるという理由で奉納された人形たちだ。

この手の人形といえば、北海道の萬念寺が所有しているお菊人形が有名だが、淡嶋神社には髪が伸びる人形がいくつも存在するのである。

そのひとつは、かつてテレビ番組でも取り上げられた。ハワイアンの少女といった雰囲気の小ぶりの人形で、見た目は愛らしい。しかし、年月を経た映像を比べると、明らかに髪の毛が長くなっているのだ。

それだけではない。本殿の一角に集められた人形の中には、これと同じように髪が伸び続けているものもあるらしい。

人形の髪の毛に人毛を使うと伸びることがあるともいわれるが、たとえ毛根が残っていたとしても一度切ってしまった髪には栄養が送られることはない。

したがって、人形の髪が伸びるのは科学的には説明がつかない現象なのである。

◆注目を集めるために怪異を起こす?

このようなオカルト的な現象が起これば人形の怨念かと恐怖にかられてしまうが、淡嶋神社の宮司さんは怖がる必要はないと語る。これは人形が大切にしてくれた持ち主への感謝の気持ちを示しているのだというのだ。

また、神社のホームページなどには、「人形は見てもらったり、遊んでもらったりするために生まれてくるので、注目を集めるために怪異と見える出来事を起こすことがある」とも書かれている。

いずれにしろ、人に悪さをすることはないということである。

ここに納められた人形たちと持ち主の間にはさまざまなドラマがあったはずだ。それが不思議な形で表れているだけなのである。

たしかに圧倒される眺めではあるが、あまり気味悪がらずに、役目を終えた人形たちを静かに見守るのが正しい姿勢なのだろう。

空中衝突した航空機が散った場所

◆空中で分解し始めた航空機

1971（昭和46）年7月30日、ようやく梅雨明けを迎えて晴れ上がったその日の岩手県の上空には雲ひとつなく、視界は良好だった。

この日、全日空58便は北海道の千歳空港を予定より50分遅れて13時30分頃に飛び立っている。夏休み期間中とあって機内はほぼ満席で、1時間半ほどのフライトで羽田空港に着陸する予定だった。

ところが、この機はいつになっても羽田空港に到着することはなかったのだ。

なぜなら、58便は離陸をしてから30分後、岩手県中部に位置する雫石町の約8500メートル上空で訓練中の自衛隊機と衝突したのである。

操縦不能となった58便は白煙を吹き上げると速度を上げながら急降下し、機体は高度

全日空機に空中衝突し墜落した自衛隊機（写真提供：共同通信社）

5000メートル付近で空中分解してしまったのだ。

航空自衛隊所属のジェット戦闘機は操縦席から火を吹きながら森に向かって真っ逆さまに落下したが、パイロットはパラシュートを使って間一髪のところで脱出したため軽傷を負うにとどまった。

しかし、はるか上空からなすすべもなく落下した58便の乗客と乗組員からは生存者は発見されず、この〝死のフライト〟によって無残にも162人全員の命が奪われてしまったのである。

◆あたりに飛び散った機体と人体

事故が発生した直後、雫石町の住民たちは何かが爆発したようなドーンという音を聞いたという。その音があまりに大きかったため、火山が噴火したのではないかと聞き違えた人もいたというほどだ。なにしろ、高速で飛ぶ飛行機同士が衝突して墜落したのである。その衝撃たるやどれほどのものだったのだろうか。

58便の墜落現場は凄惨を極めた。空中分解して鉄塊と化した機体は高速で落下して地面に叩きつけられたため、辺り一面に破片や乗客の荷物が散乱した。

頑丈なはずの機体がそのありさまである。落下して地面に叩きつけられた遺体は見る影もなく、バラバラになってあちこちに飛び散っていたという。あまりの惨状に、捜索隊の面々は思わず言葉を失った。

夜を徹して懸命の捜索が続けられたがついに生存者を見つけることはできず、事故からわずか1日で162名すべての遺体が発見されている。

この恐ろしい犠牲者の数は、当時としては日本の航空史どころか、民間の航空機事故としては世界最悪の規模になってしまったのだ。

◆霊がとどまり続ける慰霊の森

その後、事故機が墜落した山林は「森のしずく公園」として整備されて慰霊碑が立てられた。事故が起きた7月30日には、事故で犠牲となった乗員や乗客の遺族が集まり慰霊祭が行われていた。

ところが、多くの遺体が散乱したこの森が、地元の人の間で有名な心霊スポットとして噂されるようになるには事故後それほど時間はかからなかった。

興味半分で森に立ち入った者たちの間で、金縛りや不可解な出来事に遭ったという話があとを絶たないのだ。

あまりに一瞬の事故だったため、何が起きたのか、ましてや自分が死んだことすらわからない乗客の霊がいまもそこをさまよっているのだろうか。

ちなみに、事故で墜落した58便の機体の残骸や事故に関する資料の一部は、現在、全日空の社員向けの教育施設で大切に保存、展示されていて、事前に予約をすれば一般の人でも見学することができる。

壊れたエンジンや胴体を覆っていたジュラルミン製の外壁の一部は、民間機と自衛隊機の衝突という悪夢のような大事故のすさまじさを無言のままに物語っているのだ。

女子中学生36人が一度に死んだ海岸

◆海底からあらわれたモンペ姿の女性

津市は三重県のほぼ中央部に位置しており、市の東側は伊勢湾に面した海岸線が続く。この津市を流れる安濃《あのう》川の河口付近に中河原《なかがわら》海岸という海岸がある。

一見するとただの静かな浜辺だが、ここはかつて一度に36人もの女子中学生が溺死する事件が起きた悲劇の現場なのだ。

昭和30（1955）年7月28日、市内にある橋北中学校の生徒たちは水泳訓練のために中河原海岸を訪れていた。天気がよく風も穏やかで海水浴には絶好の日和だったという。ところが、岸からそれほど離れていない場所で泳いでいた100名ほどの女生徒たちが、突然、波にさらわれるかのようにおぼれ出したのだ。

教師や駆けつけてきた人々は慌てて生徒を救助したが、必死の手当てもむなしく36人が亡くなってしまったのである。この日は急激な水位の変化や激しい潮流が観測されており、彼女たちはそれに飲み込まれたとみられた。

しかし、かろうじて助かった生徒の話によれば、おぼれたのは海流が原因ではなかったという。海中に防空頭巾をかぶってモンペをはいた女性が何人もいて、彼女たちに底のほうへと引っ張り込まれたというのである。

よくある都市伝説のように思えるが、これを妄想の産物だと言い切ることはできない。なぜなら、中河原海岸には太平洋戦争の空襲で亡くなった犠牲者が埋められたといわれているからだ。

中河原海岸（©Reifen/CC-BY-SA 3.0）

◆空襲で死んだ人々との奇妙な一致

昭和19（1944）年末から本格化した日本本土への空襲は、東京をはじめとする大都市に大き

空襲によって破壊された津市内の様子

な被害をもたらした。やがて、攻撃目標は地方へも拡大していき、津市への大規模な空襲が始まったのは翌年の6月頃からだ。

とりわけ7月28日深夜の攻撃はすさまじかった。アメリカ軍は新型焼夷弾の効果を実験しようと、2時間あまりの間に約６６０トンもの爆弾を投下したのだ。たちまち街は火に包まれ、市街地のほとんどが焼失した。

このとき、迫り来る炎から逃げようとした人々は警察署の地下室へと避難した。留置場として使われていた地下室はコンクリート造りになっており、頑丈で安全な場所に思えたのだろう。

だが、町を焼き尽くすほどの猛火は地下室にいた人たちをそのまま蒸し焼きにしてしまったのだ。翌朝になって地下から運び出された遺体はとても人間のものとは思えないほどだったという。そして、あまりにも損傷がひどくて身元が判別できなかった36人が、安濃川河口近くの中河原海岸に埋葬されたのだった。

この空襲からちょうど10年後、その海岸で奇妙なことに同じ36人の女子中学生がおぼれる事故が起きたのである。

◆遊泳禁止になった事故現場

日付、場所、遺体の数――溺死事故と空襲の犠牲者はあらゆる点で奇妙な一致を見せた。そのため、無念の死を遂げ、そのまま忘れ去られてしまった人たちの亡霊が、女生徒をあの世へ呼んだのではないかと噂されたのである。

事故のあと、中河原海岸の遊泳は禁止され、事故当時に体育主任をしていた教師はのちに仏門に入ったといわれている。

36人の命を奪ったのは海流だったのか、はたまた亡霊の仕業だったのか、はっきりした原因はわかっていない。ただ、ここで多くの者が命を落としたことだけはたしかで、亡者の魂がさまよっていても不思議はないかもしれない。

後年、女生徒たちを供養するために海岸の近くに女神像が立てられた。この像はいまも死者の魂を鎮めるべく静かにたたずんでいる。

新聞に載ったタクシーに乗る女の霊

◆不気味な雰囲気がただよう深泥池

京都市街の地図を眺めると、北部の洛北にほぼ同じくらいの大きさの池が2つ並ぶようにあることに気づく。宝ヶ池と深泥池《みどろがいけ》だ。

宝ヶ池は緑豊かな公園の中にある。休日にはボート遊びやジョギング、あるいはデートを楽しむ人々でにぎわう市民の憩いの場だ。

一方、深泥池は学術的にきわめて価値の高い池だという。群生する水生植物には珍しい種類が多く、ミツガシワやホロムイソウなど国の天然記念物に指定されているものもあるのだ。また、多様な生物の宝庫でもあり、日本で最初にミズグモが見つかった場所としても知られている。

さらに、奈良時代に高僧の行基《ぎょうき》がここで修法を行ったところ、池から弥勒菩薩が現れ

生物にとっては住み心地のいい深泥池。体のない女性もここの生命力にひかれるのかもしれない。

たという伝説も残る。

そんな貴重でありがたい池のはずなのだが、その雰囲気は近くにある宝ヶ池とはまったく違う。鬱蒼《うっそう》と茂る草木に覆われて静まり返り、人影も少ない。闇に包まれる夜にはえもいわれぬ不気味さを感じるという。

ここはあの世とこの世の境界にあたり、鬼の国につながる抜け道もあると昔から恐れられてもきた。

そんな場所だからこそというべきか、この深泥池は怪談話にこと欠かない京都屈指の怪奇スポットなのだ。

◆池のそばで消えたタクシーの女性客

タクシーに乗せたはずの女性客がいつの間に

か姿を消していて、あとにはぐっしょりと濡れたシートだけが残されていた――。いわゆるタクシー怪談としてはよく耳にする定番のパターンだが、じつは深泥池がその発祥地だともいわれている。

40年ほど前に怪談と酷似したできごとが実際に起きているのだ。

あるタクシー運転手が大学の付属病院で1人の女性客を乗せた。行き先は深泥池と告げられたので、池の近くまできてどこで止めたらいいかと尋ねたところ、返事がない。振り返ってみると、後部座席には誰もいなかった。

運転手は自分が気がつかないうちに女性が飛び降りたのかと思い、慌てて周辺を捜してみたが見つからない。事故の可能性も考えて警察にも通報した。

こうして警察が出動する事態にまで発展したせいで、新聞にまで載ったという。

しかし、女性を乗せて走ったルートを丹念に調べてみても、事故の形跡も女性の姿も発見されなかったために、運転手の勘違いだったのだろうと判断されたのである。

乗客が行方不明になったと勘違いするというのもおかしな話だが、そもそも彼女の存在を証明する証拠がないのだから、警察もこう結論づけるしかなかったのだろう。

のちに、このタクシーが女性を乗せるところを見たという目撃証言も出てきたらしい。

とはいえ、彼女がどうやって消えたのか、はたして本当に生きている人間だったのかは謎のままである。

◆池の近辺で事故が多発する理由

こうした鳥肌が立つような話が残っている深泥池には、ほかにも女性客を池のほとりで降ろしたところ数キロ先で同じ女性が道端に立っていたとか、池の水面に女性が立っていたなどさまざまな噂があり、ここが呪われている場所だと信じている人は少なくない。

しかも、このあたりでは自動車が池に突っ込んだり、衝突したりする事故が頻発しているが、そうした事故も心霊現象が原因で起きたのではないかと考える人もいるほどだ。平成22（2010）年にも乗用車がカーブを曲がり切れずに池に落ちる事故があった。運転していた人は道がまっすぐに続いていると思い込み、そのまま池に向かって直進してしまったのだという。

警察は幽霊のせいで事故が起きたとは聞いていないとわざわざコメントしている。それだけ、深泥池にまつわるミステリアスな噂は多いのである。

銀をめぐって起きた血みどろの争い

◆莫大な銀が生んだ権力争い

島根県の西部にある石見《いわみ》銀山は、平成19（2007）年に世界文化遺産に認定された。日本では14番目の世界遺産だが、産業遺産としては国内初の登録である。

鉱山の跡はもとより銀を運んだ街道や港も含まれているため、総面積は約3600ヘクタールにも及ぶ。

石見銀山は大永6（1526）年頃、博多の商人だった神屋寿禎《かみやじゅてい》によって発見されたといわれている。

そして16世紀後半から17世紀初頭にかけての最盛期には年間十数トンもの銀を産出し、20万人がここで暮らしていた。まさにシルバーラッシュともいうべき繁栄を見せていたのだ。

当時、この辺りを支配していたのは有力大名の大内氏《おおうち》だったが、周囲には尼子《あまこ》、毛利、小笠原といった武将たちがひしめいていた。

彼らが莫大な富を生み出す銀山を放っておくはずがない。

そのため、石見銀山をめぐって激しい争奪戦が繰り広げられ、銀山の支配者は目まぐるしく入れ替わったのである。

石見銀山最大級の坑道「大久保間歩」を見学する観光客。

◆みつどもえの激しい戦い

まずは大内氏が矢滝城を拠点にして石見銀山の支配を開始した。

ところが小笠原氏に奇襲され、わずか3年で支配者の座から引きずり下ろされてしまう。

その後も大内、尼子、小笠

原の3氏が入り乱れ、奪われては奪い返すという戦いが繰り返された。

勢力拡大を目論む戦国武将にとって、石見銀山は重要な経済基盤だったのだ。

しかし、3氏のうちで最も力を持っていた大内義隆が尼子晴久の居城・月山富田城《がっさんとだ》攻めに失敗し、家臣だった陶晴賢《すえはるかた》のクーデターで倒れると情勢は一変する。勢いに乗った尼子晴久が石見銀山を手に入れたのだ。

とはいえ、大内氏の勢力が弱まると同時に、今度は安芸の毛利元就《もとなり》が石見銀山を狙い、両者は弘治2（1556）年に激突した。

元就は次男の吉川《きっかわ》元春を尼子氏が拠点にしていた山吹城に攻め込ませた。必死の抵抗もむなしく尼子軍が敗れると、銀山はいったん毛利の支配下に置かれることになる。

もちろん晴久も黙ってはいない。わずか2年後には反撃ののろしを上げ、新原（現在の大田市水上町）で再び激しい戦いが始まった。

尼子勢のすさまじい攻撃を前に毛利軍は総崩れとなり、元就も尼子軍に追いつめられる。このときには7人の家臣が元就の影武者となって主を逃がしたという話が残されている。

尼子氏は再び銀山の支配権を取り戻した。だが、晴久は元就の謀略によって味方の裏

明治時代に建造された清水谷精錬所跡。巨額を投じて作ったものの、約１年半で使われなくなってしまった。

切りに遭い、永禄５（１５６２）年に石見銀山はついに毛利氏のものになったのだった。

◆死んだ者の叫びが響く戦場跡

こうして戦いが続いた石見銀山にはいくつもの伝説が残っている。

尼子と毛利の激戦が行われた5月5日に山に登ると兵士の叫びやうめき声が聞こえ、それを耳にした者は生きて戻ることができないというのもそのひとつである。

石見銀山は鉱山として重要な働きを持っていたが、それゆえに多くの血が流れる戦場ともなったのである。

惨劇の舞台になった東京都内の城跡

◆一夜で消えた北条氏の城

東京都八王子市のはずれ、中央自動車道と圏央道が交差する地点のほど近くに八王子城址はある。ベッドタウンの八王子と城という組み合わせは、あまりピンとこないかもしれないが、今も残る石垣や石段といったいくつかの遺構は、そこに城があったことを静かに証明している。城址一帯は史跡として整備されており、休日ともなれば本丸跡へと続く山道をハイキングする人々の姿が見られる。

八王子城は天正15（1587）年頃、小田原に本拠を置いた北条氏康《うじやす》の息子である氏《うじ》照《てる》が築城した。それまで氏照が居住していた滝山城はなだらかな丘陵に建っていたが、八王子城は標高466メートルの急な傾斜を利用した山城として築かれた。安土城など関西方面で当時主流になりつつあった石垣を取り入れたのも特徴的である。

ところが、この城はわずか3年でこの世から姿を消すことになる。しかも、たった一夜にして、である。それは、落城を迎えるその日に繰り広げられた、血で血を洗う壮絶な戦いの末路だった。

◆見せしめのために残酷に殺された人々

豊臣秀吉が関東制圧に注力していた16世紀末、小田原攻めの一環として八王子城は狙われた。言わずもがな、ここが北条氏の拠点のひとつだったからである。

天正18（1590）年の旧暦6月23日、上州を経て元八王子へ到着したのは、豊臣秀吉によって天下統一の命を受けた前田利家・上杉景勝《かげかつ》率いる1万5000の軍勢である。

城の周辺はその前の晩から深い霧が立ち込めており、しかも城主である氏照は小田原へ出向い

八王子城御主殿跡（たき /PIXTA）

ており不在だった。

23日の未明、深い霧と闇夜にまぎれ、前田軍は一気に城へと攻め込んだ。城の中には家臣の狩野一庵や中山勘解由《かげゆ》といった将を含め2000～3000人が立て籠もっていたが、そのほとんどは農民や山伏などで、いわば〝素人〟の寄せ集めに過ぎなかった。

案の定、戦いは前田軍が優勢のうちに進み、城の中はあっという間に斬首された死体で埋め尽くされたのである。

じつは、前田軍がここまでの殺戮を行ったのには理由があった。これまですでに北条氏の支城をいくつも攻め落としていた前田軍だったが、その多くは相手を降伏させ開城に追い込むというやり方だった。しかし、秀吉が「それでは手ぬるい」と苦言を呈した。したがって八王子城の襲撃に関しては、北条氏に対する見せしめとして、きわめて残忍なやり方で攻め落とす必要があったのである。

◆真っ赤に染まった滝の水

この戦いで悲劇の死を遂げたのは、前田軍と刃を交えた者たちばかりではなかった。城で戦死した男たちの妻子の多くは、行く末を悲観して主殿近くにある滝の上で自害した。これにより城山川の水は血で真っ赤に染まり、それが三日三晩続いたという。

この滝は今も「御主殿《ごしゅでん》の滝」の名称で残されており、そばには慰霊碑も立っているが、霊感の強い人は猛烈な寒気を感じるとか、あるいは全身血だらけの女性の霊が見えるといった身の毛もよだつエピソードがあとを絶たない。

また、城が落ちた6月23日になると川の水が赤く濁ったり、刀と刀がぶつかり合うような音が聞こえるなどといった怪現象もあり、この日ばかりは地元民も山には近づかないという。

ちなみに、八王子城址に掘られたトンネルを通過した先で、圏央道と関越道が開通したのは奇しくも平成19（2007）年の6月23日である。

開通以後、御主殿の滝の水がしばしば枯れるようになったという話があるが、これは単なる偶然だろうか。

御主殿の滝（© じゃんもどき /CC-BY-SA 3.0）

姫路城に秘められたヤバイ話

◆美しい城にまつわる恐ろしい話の数々

ＪＲ姫路駅から15分も歩けば姫路城にたどり着くことができるが、近くまで行かなくても、その堂々とした姿は市内のさまざまな場所で目に入ってくる。五層六階という壮大な天守閣を備えた城は日本の城郭建築の最高傑作ともいわれるもので、平成５（１９９３）年には世界文化遺産に登録された。

連立している大小４つの天守閣と白壁の美しさが白鷺が飛び立とうとしている姿を連想させるため、別名を白鷺城《しらさぎじょう》という。

現在、目にすることができる姫路城は徳川の家臣である池田輝政《てるまさ》によって築かれたものだ。ただし、西の丸だけは本多忠政《ただまさ》の時代に築かれた。ここは息子の元へ嫁いでくる千姫の居室として増築したのだ。それ以降、明治維新、太平洋戦争と数々の戦禍を逃れて生き残った貴重な城である。

ところで、この姫路城には不思議な伝説がいくつも伝えられている。それも名城という名にはあまりふさわしくないような怪しいものばかりで、長い歴史のうちでは妖怪や幽霊も出没したというのである。

姫路城の天守閣内にある刑部神社（©Corpse Reviver/CC-BY-SA 3.0）

◆城に住む妖怪と対決した宮本武蔵

天守閣に住んでいたとされるのが刑部《おさかべ》姫という妖怪だ。

刑部姫は姫路城が建てられた姫山の神だったが、住むところを奪われて城の天守閣に住みついたのだという。この伝説をもとにして泉鏡花は『天守物語』を創作した。

刑部姫にまつわる言い伝えはいくつもあり、そのひとつには剣豪の宮本武蔵も登場する。

妖怪退治を任された武蔵が天守閣へ向かうと、途中ですさまじい炎が襲ってきた。武蔵はそれを恐れもせずに剣で斬り捨てて最上階まで登り、大胆にもそこで眠り込んでしまう。武蔵の勇敢さに感心した刑部姫は一振りの刀を与えて消えていったという。

また、ほかの伝説では城主の輝政がかかわっている。城が完成して間もなく輝政は病に倒れ伏してしまうが、どうしても原因がわからない。そこで祈祷師に見てもらうと刑部姫の祟りだと判明した。慌てて天守閣に刑部神社を祀ったところ、ほどなくして病は治まったという。この神社はもともと姫山にあったものを移したそうで、その後、刑部姫の霊威を恐れた池田家は、当主自らが毎年祭祀を行ったと伝えられる。

この刑部神社はいまも残っており、伝説により一層の真実味を与えている。

◆城内に残るお菊井戸

井戸の中から「一枚、二枚…」と皿を数える、恨めしげな声がするというのは皿屋敷の怪談だ。じつは皿屋敷の伝説は全国各地にあり、その数は数十にも上る。なかでも、江戸の「番町皿屋敷」と姫路の「播州皿屋敷」はその代表格といっていい。播州皿屋敷の舞台になっているのが姫路城で、お菊井戸と呼ばれる井戸も現存しているのである。

姫路城のお菊井戸（©KENPEI/CC-BY-SA 3.0）

　室町時代の半ば、姫路城主・小寺則職《こでらのりもと》の家臣だった青山鉄山《てっさん》は、城主を毒殺して小寺家を乗っ取ろうと企んだ。それに気づいた忠臣の衣笠元信《きぬがさもとのぶ》は恋人のお菊を青山家で奉公させ、事情を探らせる。

　お菊の働きで毒殺は防がれたものの、主家は乗っ取られ、彼女の活動が青山の家臣・町坪弾《ちょうのつぼだん》四郎《しろう》の知るところとなってしまう。

　弾四郎は青山家の家宝である10枚組の皿の1枚を隠し、お前が盗んだのだろうとお菊を責め立てる。

　身に覚えのないお菊はもちろん否定したが、皿が見つからなければ手討ちにされてしまう。「俺と夫婦になるなら罪を見逃してやろう」と弾四郎は迫ったが、お菊は頑として首を縦に振らなかった。これに激昂した弾四郎は、お菊を斬り殺して井戸に投げ込んでしまうのである。

　それ以来、夜になると井戸の底から恨めしげな声で皿を数える声が聞こえるようになり、9枚まで数えると1枚目から数え直すとも、すすり泣きに変わるともいわれた。

数ある皿屋敷伝説の発祥地は定かでないが、番町皿屋敷はこの播州皿屋敷が基になったという説もある。

ちなみに、姫路市内にある十二所神社にはお菊の霊が祀られており、お菊神社とも呼ばれているのだ。

◆「傾き柱」の伝説

さらに、築城直後には建築を任された大工の棟梁《とうりょう》が自殺した〝傾き柱の伝説〟もある。棟梁の源兵衛は腕のよさで知られていた。しかし、完成した城が東南に傾いていると指摘される。

責任を感じた源兵衛は翌日、のみをくわえて城から身を投げてしまったのである。

じつは、昭和31（1956）年から行われた大改修のとき、大天守の石垣は固い岩盤の上に建てられているが、石垣の内部は柔らかい盛り土だったことが判明した。そのため、建物の重みで地盤沈下を起こしたのだろう。けっして源兵衛の過失ではなかったのだ。ちなみに改修工事では沈下を防ぐためにコンクリートを流し込み、地盤が強化された。

◆お経を読み続けた棟梁

また、大工といえば昭和の大改修を手がけた棟梁は、ここで奇妙な体験をしたとも語っている。

工事の間ずっと体調不良が続き、見えない何かがまとわりつくように感じていた。それは無数の人魂に囲まれている感覚だったという。とはいえ、誰に言ってもまともに取り合ってくれず、このままでは犠牲者が出るのではないかと不安になった棟梁は自らが天守に寝泊まりして読経《どきょう》を続けたそうだ。

そんなさまざまなミステリーが語り継がれる姫路城は、平成21（2009）年から大天守の保存修理工事が行われた。

城郭内の建物を一度解体して組み直した昭和の大改修とは異なり、今回は瓦の葺き替えや漆喰の塗り替えが中心だったためか、新たな伝説となるような出来事は起こらなかったようだ。

怨霊と化した天皇を鎮める社《やしろ》

◆恨みを抱いて死んでいった上皇

香川県は金刀比羅宮への参拝客で昔から賑わってきた土地で、名物の讃岐《さぬき》うどんの人気はいまや全国に広まった。岡山とは瀬戸大橋で結ばれており、その香川県側の出入り口になっているのが坂出《さかいで》市だ。

その坂出から車で20分ほど高松方面へ向かうと、途中に白峯寺《しろみねじ》はある。電車なら、JR讃岐線坂出駅からタクシーに乗っておよそ20分ほどの距離だ。この白峯寺の北側に白《しら》峯陵《みねのみささぎ》と呼ばれる御陵、つまり天皇家の墓所がある。ここに祀られているのは崇徳《すとく》上皇だ。「保元《ほうげん》の乱」に敗れた崇徳上皇は讃岐に流され、この地で生涯を終えたのである。

古来から日本では不遇な死に方をした者が、のちに怨霊となって災いをもたらすと信じられてきた。とりわけ、日本の3大怨霊として有名なのが、平将門、菅原道真、そして崇徳上皇だ。なかでも崇徳上皇の怨念はすさまじく、「日本の大魔王となって祟ってやる」と恨みの言葉を吐いたと伝えられている。そしてその言葉どおり、死の直後からさまざまな怪異が起こったのである。

白峯陵（©Reggaeman/CC-BY-SA 3.0）

◆棺から噴き出した真っ赤な血

白峯陵は崇徳上皇が荼毘《だび》に付された場所だとされているが、その棺を運んでいるときからすでに異変は生じていた。高屋の阿気（現在の坂出市高屋町）まで来たところで、急に黒雲が空を覆い、激しい雷雨に見舞われてしまう。人々は棺を石の上に置いて雨をしのごうとした。

すると、遺体を納めた棺から血が噴き出し、下にある石を真っ赤に染めたのである。

死後20日も経っている遺体が血を流すことなど、どう考えてもあり得ない話だ。崇徳上皇の執念の強さに人々は恐れおののいた。

崇徳上皇の血にまみれた石は近くの高屋神社に安置され、現在でも見ることができる。また、この伝説から高屋神社は「血の宮」とも呼ばれている。

さらに、白峯山での火葬が行われると、強い北風が吹いていたにもかかわらず、その風に逆らって煙は都のある東へ向かって流れていった。あたかも都を恋しがる崇徳上皇の意志が乗り移ったかのようだったという。

◆不義の子としてうとまれた日々

なぜ、崇徳上皇はこれほど深い怨念の塊と化したのだろうか。

崇徳は鳥羽天皇と待賢門院璋子《たいけんもんいんたまこ》の第一子だが、じつは璋子と白河法皇との間にできた不義の子ではないかと噂された。そのため鳥羽は崇徳を嫌悪し、権力の座から徹底的に引き離したのである。さらに、自分の後継者には崇徳の弟である近衛や後白河を指名し、崇徳とは死後の面会までも拒絶した。長年の怒りを爆発させた崇徳上皇は後白河天皇を相手に挙兵したものの、勝負はほんの数時間でついてしまう。

この保元の乱で敗者となった崇徳上皇には讃岐への配流という厳しい処罰が下された。

上皇は自らの指を切った血で写経をし、寺に納めてほしいと讃岐から都へと送る。ここには自分を哀れと思うなら、どうか都へ戻してくれという願いも込められていた。

だが、血で書かれた写経など不吉なものにしか見えなかった都では、そっくりそのまま送り返したのだ。この仕打ちに激怒した上皇は大魔王になることを誓うと、舌先をかみ切って流れ出た血で写経に呪いの言葉を書きつづり、海へと沈める。それ以来、髪も爪も切らず、異様な姿になっていった。ある伝説によればそのまま天狗になったともいわれているほどだ。

高屋神社（写真提供：日本伝承大鑑）

◆近代になっても恐れられる

崇徳上皇の死後、疫病の流行、落雷や風水害の多発、相次ぐ火災など、さまざまな怪事件が都を襲った。安元３（１１７７）年に起きた火災では、都の大半が焼けるという大惨事になった。あまりにも続く不幸に、都の人々は讃岐に流されて死んだ崇徳上皇が怨霊となって祟っているに違いないと噂したのである。

こうした変事を前に、白峯陵では雷鳴のような音が鳴り響いたと伝えられている。

また、上皇は保元の乱で後白河に味方し、自分を失脚させた平氏にも災いをもたらしたといわれている。平清盛が亡くなったのも、それから間もなく一族が滅亡したのも、すべて祟りのせいだというのだ。たしかに、源平最後の合戦となった屋島は白峯山から十数キロしか離れていない。この距離であれば上皇の呪いもいっそう強い効力を発揮しそうで、それが平氏を敗北させたのかもしれない。

怨霊を恐れた朝廷は白峯陵の近くに頓証寺を、都には粟田神社を建立した。神として祀ることで荒ぶる魂を鎮めようとしたのである。讃岐院と呼ばれていた名も崇徳院に改められた。それほど上皇の呪いは強烈だったということだろう。

じつは崇徳上皇の祟りは近代に至るまで恐れられていた。京都にある白峯神宮は明治政府が崇徳上皇を祀るために建設したものなのだ。

このように人々を恐怖に陥れた崇徳上皇ではあるが、四国を守る神になったという説もあり、御陵のある白峯寺は四国八十八箇所巡りの霊場として参詣者が訪れる場所になっている。

5章

歴史的事件に根を持つヤバイ話

世界遺産に眠る藤原一族のミイラ

◆寺に納められたミイラと首

岩手県南西部の平泉にはいまも平安時代末期の寺院や庭園が残り、平成23（２０１１）年にはこれらの遺跡群が世界文化遺産に登録された。なかでも平泉を代表する中尊寺には、３０００点以上の国宝や重要文化財が保存されている。

その中尊寺に、〝黄金の阿弥陀堂〟ともいわれる金色堂がある。金色堂は12世紀に中尊寺が創建されたときの姿をいまに伝える唯一の遺構だ。

仏堂の内外に張りめぐらされた金箔や透かし彫り金具、漆の蒔絵《まきえ》など、当時の技術を結集して建てられたその美しさはいまも世界中の人々から絶賛されている。

現在はガラス越しに見学できるようになっているこの仏堂は、その美しさだけでなく、ある珍しいものが納められていることでも有名だ。平泉に争いのない理想郷を築こうとした奥州藤原氏3代のミイラと、胴体から切り離されたひとつの首である。ただし、藤原氏が抱いた思いとは裏腹に、彼らのミイラは血なまぐさい歴史に彩られているのだ。

1915年頃の金色堂内部

◆仏像とともに置かれたミイラの謎

金色堂には阿弥陀如来を中心に11体もの仏像が安置されている。仏像は須弥壇《しゅみだん》という台の上に置かれていて、その中に800年以上前のミイラが納められているのだ。

仏堂の中央に置かれた須弥壇で眠るミイラが、奥州藤原氏の初代当主である藤原清衡《きよひら》のものだ。

清衡が平泉の地に一大仏教都市を築くことになったきっかけは、悲惨な事件で身内を失ったことにあるといわれている。彼は所領争いから異父弟である清原家衡《いえひら》に恨まれ、妻子と一族のほとんどを焼き殺されてしまったのだ。1人逃げのびた清衡は、結局復讐のために家衡を討ち果たしている。そんな相次いだ戦乱による犠牲者を慰め、仏教の教えに基づいた理想の社会をつくるべく、清衡は中尊寺を建立したのだ。

清衡の後継者として奥州藤原氏の第2代の座に就いたのが藤原基衡《もとひら》で、そのミイラもまた金色堂に納められている。彼も父親の遺志を継ぎ、中尊寺よりもさらに大きな毛越《もうつう》寺《じ》を築いた。しかし、この基衡にも後ろ暗い話がある。藤原氏の当主の座を手に入れるために、基衡はあろうことか自らの兄弟を手にかけているのだ。

◆頭蓋骨に穴があいている首

東北における藤原氏の勢力が最大になったのは、基衡の子で第3代当主の秀衡《ひでひら》の時世だ。秀衡のミイラも当然、金色堂には納められているが、なぜかその棺には木の桶に入った首も納められていた。

この首の主こそが、奥州藤原氏第4代にして最後の当主となった藤原泰衡《やすひら》である。

秀衡の時代、平氏を滅ぼした源氏では身内同士の確執が生まれ、源頼朝が弟である義経の命を狙うようになった。義経は幼い頃より縁のあった秀衡を頼って平泉に逃げ込んだ。ところが、秀衡の子である泰衡は頼朝に恐れをなして、父の死後、頼朝の命に従い

現在、金色堂はコンクリートに覆われている。

義経を自害に追い込んでしまう。そのうえ、義経討伐に反発した弟の忠衡も殺害した。ところが、戦の天才といわれた義経がいなくなったところで結局頼朝は藤原氏を攻め、逃げ落ちた泰衡は家臣に裏切られて死に、奥州藤原家は滅亡してしまったのである。

金色堂に納められている泰衡の首には刀傷がはっきりと見受けられ、しかも頭蓋骨には何かを突き刺したような穴も残っていた。これは、頼朝が首をさらすときに釘を打ちつけた跡だといわれているのだ。

奥州藤原一族の遺体にはミイラにするための特別な処理が施された痕跡はなかったという。それでも、８００年あまりの時を経てもその姿が完全に朽ち果てなかったのは、死後も平泉の地を見守ろうとしたのか、それともこの世に残した無念ゆえなのだろうか。すべては謎である。

戦国時代の血がそのまま残る血天井

◆見上げると目に入る不気味な模様

京都の東山、三十三間堂の東に養源院という寺がある。豊臣秀吉の側室・淀君が、父である浅井長政の菩提を供養するために建立した寺だ。

といっても、養源院は一度火災に見舞われており、現存する本堂は淀君の妹で徳川家に嫁いだ崇源院（お江）が再建したものである。

養源院は庭が美しいことで知られているが、俵屋宗達《たわらやそうたつ》が大胆なタッチで象や獅子を描いた杉戸や襖もみごとだ。「金地著色松図」や「着色杉戸絵」などは国の重要文化財に指定されている。

ただし、養源院は美しいだけの寺ではない。本堂の廊下で上を見上げると、天井に奇妙なシミを見つけることができる。この黒っぽいシミは長い年月を経たためにできた単なる汚れではなく、人間の血痕である。寺の天井には、関ヶ原合戦の直前に落城した伏見城の床板が使われている。その激戦の際に流された血が、今もなお不気味な模様となって残っているのだ。

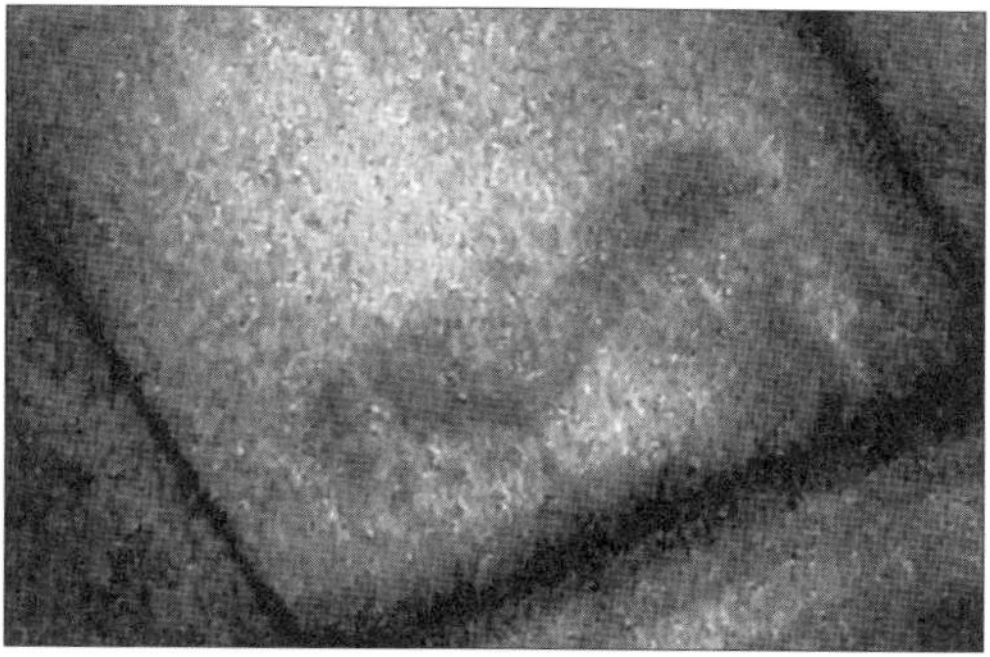

源光庵の血天井。足跡がくっきり残っている。（©snotch/CC-BY-SA 2.0）

◆裏切り者のせいで敗北した者の血

伏見城は豊臣秀吉によって築かれ、秀吉が亡くなったあとには徳川家康が拠点にしていた。

その家康と石田三成の対立は日に日に深まり、両者の対決が秒読み段階に入っていくなか、家康は会津征伐へと出陣する。このとき伏見城の留守を預かったのが家康の忠臣・鳥居元忠《とりいもとただ》である。家康不在の隙を突いて三成は伏見城を攻めたものの、挙兵を予想していた元忠の備えは万全だった。猛攻撃を加えても伏見城はびくともせず、当初は落城の気配などみじんもなかったのである。

ところが、三成の計略で伏見城内に裏切り者が現れ、元忠は劣勢に追い込まれる。城に火が放たれ、三成軍が雪崩のように乱入してきた。それでも手勢がわずかになるまで戦い続けたが、ついに元忠は自害。家臣もそろって自害か討ち死にを遂げたのだ。

このとき、元忠たちは城の畳を全部積み上げて攻撃を防いでおり、本丸御殿は床板がむき出しになっていた。そのため、自害した者や敵の攻撃に倒れた者の血を、たっぷりと床板が吸い込むことになったわけだ。養源院の天井には倒れ伏した元忠の横顔の痕跡が残っているともいわれる。なんとも生々しい最期の様子を写した血天井なのだ。

◆天井にするのは供養のため

じつは、伏見城の遺構を移築した寺は京都にはいくつもある。

たとえば、洛北にある源光庵もそのひとつだ。丸くくり抜かれた有名な「悟りの窓」から眺める庭は風情があるが、じつはここの本堂廊下も血天井である。よく見ると手形や足跡のようなものが混ざっていたり、のたうち回ったような跡もあり、命を落とした者の無念が伝わってくるようだ。

一説によれば、伏見城は関ヶ原の戦いの混乱にまぎれて2ヵ月近くも放置されていたともいわれる。それゆえ、多量の血がそのまま床板に跡を残す結果になったのだろう。

また、西賀茂の正伝寺の廊下、大原にある宝泉院の書院廊下、宇治の興聖寺の本堂などにも伏見城の遺構を使った血天井が存在する。

由来を知れば、断末魔の声さえ聞こえてきそうなぞっとする天井である。なぜ、こんな気味の悪い材料を使うのかと疑問に思うかもしれない。

じつは、こうしたいわくつきの素材を寺の一部に使うのは、元忠をはじめ非業の死を遂げた者たちを供養するためなのだ。伏見城での戦いがあまりに悲惨であったため、当時の人々は無念を抱えた魂を鎮めようとしたのだ。

たしかにあまり気持ちのいい眺めではないが、血天井とは死者の成仏を願って作られたものなのである。

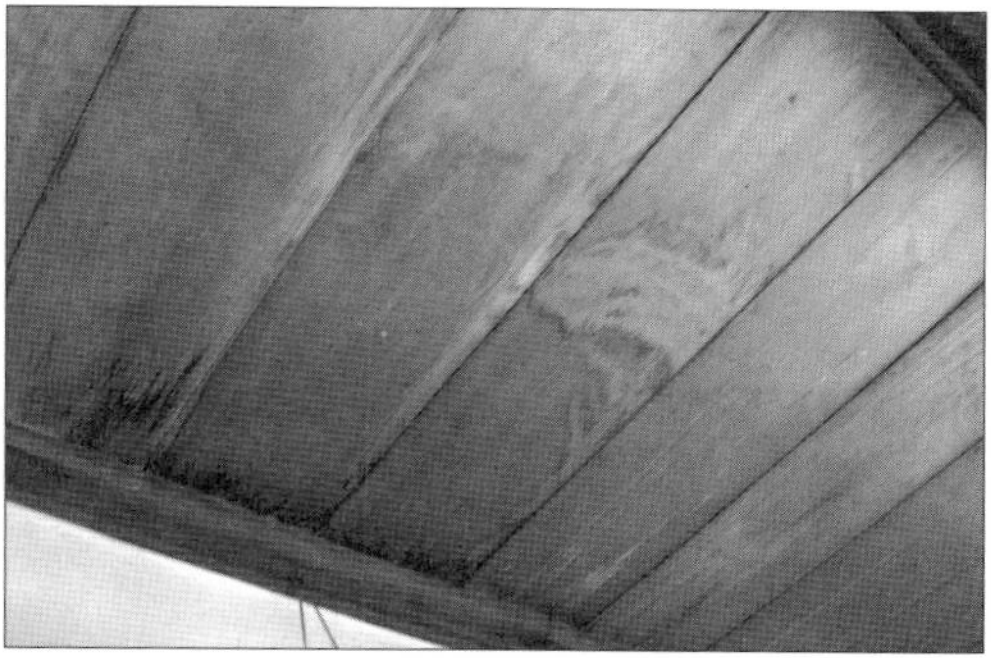

宝泉院の血天井（©merec0/CC-BY-SA 2.0）

秀吉に殺された外国人宣教師たち

◆日本で没した26人のキリシタン

長崎はエキゾチックな洋館が残る異国情緒にあふれた街だ。

長い鎖国時代にも日本で唯一、オランダや中国との交易を認められた長崎港があり、海外の影響を受けた独特の文化を育んできたのである。また、かなり早い時代からキリスト教が広く信仰されており、この辺りを治めていた大村純忠は日本で初のキリシタン大名となった人物だ。そのため、長崎には浦上天主堂、大浦天主堂といった教会をはじめ、キリスト教にまつわる史跡も多い。

JR長崎駅から急な坂道を5分ほど登っていくと西坂公園に出るが、ここもそんな史跡のひとつだ。ただし、この小高い丘に刻まれているのはキリシタンの弾圧という悲しい歴史である。慶長2(1597)年、外国人宣教師6人と日本人キリシタン20人が磔《はりつけ》の刑に処せられた「日本二十六聖人殉教地」として知られる場所なのだ。これは日本で最初に起きた大殉教事件だった。

日本二十六聖人像（©Alex Tora/CC-BY-SA 3.0）

◆秀吉を怒らせた一言

26人の処刑を命じたのは時の権力者である豊臣秀吉だ。はじめはキリスト教を容認していた秀吉だったが、天正15（1587）年にバテレン追放令を出している。しかし、宣教師の国外追放、大名の信教禁止などは定めたものの、南蛮貿易は続けたかったためそれほど厳しい弾圧は行っていなかった。

ところがバテレン追放令から10年後、突如として秀吉の態度が一変する。きっかけはマニラからメキシコへ向かっていたスペイン船サン・フェリペ号が、台風の影響で土佐の浦戸に漂着したことだった。このときサン・フェリペ号の乗組員はこんな話を口にした。

スペインはまず宣教師を派遣し、信徒を増やしてから各地を植民地にしている――。

これを聞いた秀吉は激怒し、征服者の手先だとして日本にいた宣教師をただちに捕らえさせたのだ。その結果、京都と大阪にいた宣教師6人と日本人信徒18人が捕らえられ、長崎で処刑されることが決まった。怒りの治まらない秀吉は、長崎に送る前に彼らの耳や鼻をそぎ落とすことまで命じたという。

◆1ヵ月続いた苦難の旅

彼らの受難はここから始まった。石田三成のとりなしでやや刑は軽くなったものの、左の耳たぶを切り落とされたあと、まずは京都、大阪、堺の市中を引き回された。そして長崎へと向かう道中で2人の信徒が加わり、処刑者は26人となったのである。

罪人として護送される彼らの待遇は劣悪だった。厳しい寒さの中、後ろ手に縛られたまま、裸足で約1000キロもの道のりを歩かされたのである。このような苦難の旅はおよそひと月続いた。唯一、船に乗れたのは彼杵《そのぎ》港（現・東彼杵町）から時津港（現・時津町）までの間だけだ。ここからは再び徒歩で時津街道をたどり、西坂までやってきたのである。西坂公園の裏手にある聖フィリッポ教会前には「時津街道ここに始まる」という石碑が残るが、皮肉にもちょうどここが彼らの終着点だった。

最期の地となる西坂の丘に着いたのは、処刑当日の午前である。集まった信者4000人が見守るなか、26人は港に面して一列に立てられた十字架に縛りつけられた。

この状況にあっても誰1人として恨みの言葉を口にすることはなく、静かに賛美歌を口ずさんでいたという。正午、端から順に役人の槍が胸を貫いていき、26人は処刑された。最年少の殉教者はまだ12歳の少年だった。

このときから明治に至るまで西坂は刑場として使われることになるが、同時に聖なる山とみなされ巡礼地にもなった。

江戸時代に入るとキリシタンへの弾圧はさらに激しさを増したものの、長崎では密かに信仰を続ける者があとを絶たず、その後も多くの殉教者を生み出したのである。

◆ローマ教皇により聖人に加えられる

この殉教事件は海外にも伝わり、処刑から265年後の文久2（1862）年にはローマ教皇ピオ9世によって26人は聖人に加えられた。

聖人たちの教えを受け継ぐ大浦天主堂

現在の西坂公園には26聖人のブロンズ像がはめ込まれた、縦5・5メートル、横17メートルという大きな碑が建てられている。これは26人が聖人となった100周年を記念して造られたものだ。その隣には日本二十六聖人記念館もあり、日本のキリシタン文化について知ることができる。

また、二十六聖人殉教地から南へ行った南山手には、日本最古の木造教会として知られる大浦天主堂がある。ここは二十六聖人に捧げるために造られた教会で、建物は西坂を向いており、正式名称は日本二十六聖殉教者聖堂という。

ブロンズ像となった二十六聖人は、あの日と同じように西坂の丘にたたずんでいる。最後まで神を讃えていた彼らは、いまもここで祈りを捧げているのかもしれない。

女性も子供も巻き込んだ会津戦争

◆野ざらしにされた死体

福島県の西部、会津地方の中心地である会津若松市は、毎年９月22日を含めた３日間に「会津まつり」で賑わいをみせる。祭りのクライマックスは、歴代の藩主や家老、会津藩士の姿に扮した総勢約５００名からなる大行列だ。

この祭りが毎年９月に開催されているのにはある理由がある。それは、明治元（１８６８）年９月22日、会津藩が新政府軍に降伏して、多くの犠牲者を出した会津戦争が終結した日だからである。いまでも祭りでは犠牲者の慰霊と鎮魂のための式典が行われているのだ。

会津戦争で会津藩はわずか５０００人の兵で城に立て籠もると３万人の大軍に立ち向かい、そして多くの犠牲者を出した。

祭のパレードで戊辰戦争時の会津軍に扮する人々
（©Amcaja/CC-BY-SA 3.0）

犠牲者は兵士にとどまらず、迫りくる敵を前に一族で心中を図った者など、多くの女性や幼い子供、老人までもが死んでいったのだ。

しかも、戦後には明治政府が会津藩兵の遺体を埋葬することを禁じたため、山のような数の死体が野ざらしにされたのである。

◆時代遅れの武器で応戦した会津

薩摩藩と長州藩を主力とした新政府軍は、旧幕府の勢力を一掃すべく進撃を開始する。

江戸城を無血開城で手に入れると、次のターゲットを旧幕府軍の主力である会津藩の会津若松城として東北に大軍を差し向けたのだ。東北の諸藩はこれを迎え撃ったが、新政府軍の圧倒的な火力と兵力を前にして降伏したり寝返ったりする藩が相次いだ。

ついに孤立無援となった会津藩は、わずかな兵力で新政府軍と相対することになったのである。会津藩は国境の守りを固めて新政府軍を待ち構えた。

ところが、守りの要となるはずの兵士の多くは農村から臨時に召集された農兵で満足な訓練も受けておらず、なかには火縄銃で応戦する者もいたという。

最新鋭の連発式の銃で武装した新政府軍が国境を突破するのにはそう多くの時間を必要とはしなかった。

◆若い女性たちも参戦

8月23日の早朝、敵軍は会津藩の予想を上回る早さで会津城下に攻め込んだ。

雨のように弾丸が降り注ぎ、逃げ惑う人々はパニックに陥ったのである。銃隊を前に、果敢に槍を振るって立ち向かう者も少なくなかったが、たちまち蜂の巣のように撃ち抜かれて路上に転がった。

のちに「娘子隊《じょうしたい》」と呼ばれる、武家の女性からなる一団も男たちに交じって長刀を手に奮戦したが、その多くが命を散らしている。

その中には藩でも有名な美人姉妹の中野竹子・優子もいたが、姉の竹子はその美しい

薙刀を手に奮戦した女性たちの多くも命を落とした。中野竹子の死後、はずかしめを受けないために遺体は親族によって首を斬られたという。

顔に銃弾を浴びるという壮絶な最期を遂げた。

また、市外を流れる大川（現在の阿賀川）を渡って対岸に逃げようとする町人もいたが、前夜の雨で水かさが増した川で小舟は次々と転覆して人々は溺れ死んでいった。のどかな田園風景が広がる会津は、一転してこの世の地獄のようなありさまになったのだ。

藩士たちは最後の砦である会津若松城に駆け込んで籠城戦の準備を始めたが、悲惨なのは藩士の家族だった。

藩士の妻やその子供、そして年老いた者たちは決戦の足手まといになるといって次々と自害したのである。家老の西郷頼母《たのも》の家族21人が自宅で自決したのをはじめ、２００人以上の女性や子供が命を絶ったといわれている。短刀で自らの喉を突く者や、子供と刺し違えるものなど、この日の会津では想像を絶する惨状が展開した。

◆集団自決をとげた少年兵

古くから武勇を重んじ、武士としての気風が強かった会津藩士は、藩の存亡がかかったこの戦争では懐に遺書を忍ばせて戦い続けたという。しかし、援軍がくるわけでもなく、戦況は日を追うごとに悪くなる一方だった。藩士の子供で結成された白虎隊の少年兵19人が、飯盛山で集団自決を遂げた悲劇も起きている。まだあどけなさが残る少年兵たちは黒煙に包まれた城を目にして、すでに城が敵の手に落ちてしまったものと思い込み、もはやこれまでと命を絶ったのである。まもなく完全に包囲された会津若松城には夜となく昼となく砲弾が撃ち込まれ、城内のいたる所で血まみれの死体が転がった。

1ヵ月の籠城戦の末に武器も食料も尽き、会津藩はついに城門の前に「降伏」と書いた白旗を掲げ、多くの犠牲者を出した壮絶な戦はようやく終わりを告げたのである。

◆時を越えていまも残る確執

ところが、会津の悲劇はその後も続く。

明治政府は朝敵となった会津藩の戦死者は犯罪者であるとして、墓を建ててその遺体を弔うことを許そうとしなかったのである。放置された死体は腐敗して異臭を放ち、無残にも野良犬や鳥に食いちぎられた。あまりの臭いに会津の市街は鼻をふさがなくては歩けなかったという。

その後、生き残った会津藩士が政府と何度も交渉を重ねてようやく遺体は埋葬されることになったが、あまりに損傷がひどく誰なのか判別できないほどだった。白虎隊隊士19人の亡骸も手をつけることは許されず、無残にもそのまま放置されていたという。

その後、自刃を遂げた飯盛山に葬ることが明治政府から許され、隊士が眠る墓の前では毎年慰霊祭が執り行われる。

ちなみに、こうした悲劇の数々が、会津の人々にどれだけ深い傷を残しているのかを物語るこんなエピソードがある。

明治維新以降、福島県の会津若松市とかつての長州である山口県の萩市との間では何度となく和解交渉が行われたが、戦争から150年がたったいまでもじつは正式な和解に至っていないのだ。会津若松市は萩市からの姉妹都市の申し出を断ったこともある。

現在ではまったくの断絶状態というわけではないが、これほどの時を経ても、両者の溝が埋まることはないのである。

東京駅に残る首相暗殺の痕跡

◆公衆の面前でおこなわれた凶行

東京駅といえば、1日に46万人前後の乗降客を誇る、いわずと知れた日本のビッグターミナルである。

開業は大正3（1914）年にさかのぼる。東京大空襲の苦難も乗り越え、東京都民はもとより全国から上京する人々を招き入れ、そして見送ってきた。

しかし、そうした賑わいの影で、長い歴史の中ではこの駅を舞台にした悲劇も起こっている。その筆頭に上げられるのが大正10（1921）年の原敬《はらたかし》暗殺事件だろう。

当時、原敬は第19代内閣総理大臣の在任中だった。新聞記者から外務省を経て政界へ入り、爵位を拒んで「平民宰相」として日本初の本格的な政党内閣を築いた人物である。

そんな国のトップを東京駅で襲撃したのは、驚くことに東京都内の大塚駅に勤務する鉄道職員の青年だった。

世間に衝撃を与えたこの首相暗殺事件を、当時の資料をもとに振り返ってみることにしよう。

◆柱の陰から飛び出してきた犯人

11月4日、原は自らが党首を務める立憲政友会の近畿大会に出席するため、午後7時前に自宅から東京駅へと向かった。

発車の5分前になると原は待機していた駅長室から、東京駅の駅長、中橋文部大臣、元田鉄道大臣らを伴って南口の改札へと向かうコンコースを歩いていた。

すると、円柱の影から突然青年が現れたかと思うと、原に体当たりした。

そのときは、誰一人として何が起こったかわからなかったというが、それも当然だろう。原は一言も発することなくその場に崩れ落ちたのである。

しかし、このとき青年が握り締めていた刃渡り15センチメートルほどの短刀は、原の胸を深々と突き刺していた。ほぼ即死だったという。

暗殺したのは中岡艮一《こんいち》という18歳の若い男だった。中岡は山手線の大塚駅に転轍手

（ポイントマン）として勤務していた職員である。

じつは、原はそれ以前から右翼団体などからたびたび暗殺予告を受けていた。あまりにも頻繁に届いたので、遺書をしたためていたほどだった。

原敬暗殺の現場写真。犯人の動きが書き込まれている。

ところが、原は大の護衛嫌いで、この日も取り巻きの数は首相にしてはけっして多くはなかった。その無防備さが凶行を招いてしまったのかもしれない。

暗殺から1週間後、遺言どおり故郷の盛岡で葬儀が執り行われたという。

◆謎につつまれた犯行動機

気になるのは、まだ18歳の中岡が一国の首相の暗殺という大罪を犯した動機である。

供述調書では、原が属する立憲政友会の政策などを含めた「政治への鬱憤」ということになっている。

実際、逮捕された中岡は斬奸状《ざんかんじょう》（殺害動機を書いた文書）を持っており、そこには原の私欲をはさむ政治への不満が書き連ねられていた。

だが、その筆跡は本人のものではない可能性が高く、内容も中岡の学歴に見合わない難解な言い回しだった。そこで浮上したのが右翼の黒幕説だが、結局、真相が解き明かされることはなく、中岡は無期懲役の判決を受け、のちに恩赦を受け出所している。

のちに東京駅の丸の内南口には、暗殺現場となった床にそれとわかる大理石がはめこまれ、壁には「原首相遭難現場」と書かれたプレートが貼られた。

さらに東京駅では、昭和５（１９３０）年にも第27代内閣総理大臣である濱口雄幸がプラットホームで狙撃される事件が起きている。このときは一命を取り留めたが、体調は回復せずにのちに死亡した。やはりその事件をあらわすプレートも中央通路で見ることができる。

大都会の表玄関ともいうべき東京駅は、しゃれた赤レンガの駅舎には不似合いな血なまぐさい事件をいまも静かに伝えているのである。

呪いで傾いたといわれる城の天守閣

◆城のシンボルが傾いていた松本城

長野県松本市は奈良時代から信濃の国府が置かれた信州の中心地である。この町のシンボルといえば、なんといっても松本城だろう。松本城は国宝指定を受けている５つの城のひとつでもある。

城が築かれたのは戦国時代だが、現存する五層六階の大天守はその当時のものだ。これは国内に残された城の中でも最古だというから、その貴重さはいわずもがなだろう。

もともと深志城と呼ばれていた城の前身は、16世紀初頭の永正年間に信濃の守護・小笠原氏の家臣らによって築かれた。

その後、信濃を制した武田信玄が支配し、天正10（１５８２）年に小笠原貞慶《さだよし》が松本城と改名する。

その後城主となった石川数正《かずまさ》が近代城郭として新たに大天守を築いたのである。

しかし、じつはその天守閣は明治時代まで西に8度ほど傾いていた。そこにはこの城にうずまいた怨念の物語が秘められていたのだ。

◆藩のウソに怒った農民一揆の主導者

貞享3（1686）年、松本藩3代目の藩主・水野忠直《ただなお》は、長引く不作にもかかわらず年貢を引き上げた。この過酷な厳命に対し、異議を唱えたのが多田加助という男である。すると、この噂を聞きつけたおよそ1万人の農民たちが加勢しようと城下へと押し寄せた。いわゆる農民一揆の勃発である。

折しも藩主の忠直は参勤交代で江戸へと上っていたため家老たちは慌てふためき、一度は農民たちの勢いに負け、訴状の要求の受け入れを決定した。

ところが、一揆がおさまった途端に藩は手のひらを返し、中心グループを捕らえて磔の刑に処すという暴挙に出たのである。

加助は「みんなの年貢が減らされるのだから、安心して死んでいく。さらば」と別れの言葉を口にしたが、集まった農民たちから「年貢の引き下げの約束は反故にされた」

という話を聞かされる。

怒りに震えた加助は、血走った目で天守閣をにらみつけ「この恨みは忘れない」と叫んだ。すると突然地面が揺れて天守閣が西へぐらりと傾いたというのである。

傾いた松本城（明治時代撮影）

◆修理しても直らない傾き

この一揆は「貞享騒動」あるいは「加助騒動」と呼ばれ、加助を含む28人が処刑された。

藩は傾いた天守閣を修理したが、何度やっても直らない。

それればかりか、この約40年後には6代目の藩主・水野忠恒が精神を病んで殿中で乱心し、改易されるという事件が起き、これも加助の祟りだとたちまち噂

多田加助像

になった。
以来、松本城は、怨念で傾いた城という不名誉な評判を呼ぶようになってしまったのだ。
その傾きは明治の大修理で改善され、昭和の大修理で解体された際には、湿地に築いた基礎の一部が腐っていたことが判明した。だが、それが果たしていつから腐ったのか、あるいは地震などの自然災害か、傾きの原因についてはさまざまな見方ができる。
ただひとつだけいえるのは、当時の藩の裏切り行為が城を傾けさせたと言わせるほどの農民の怒りを買ったのは間違いないということだ。

人柱伝説がささやかれる美しい橋

◆古くからある橋に秘められた伝説

山口県のＪＲ岩国駅からバスで20分ほど揺られていくと、岩国市のシンボルともいえる橋が見えてくる。日本三名橋として知られる錦帯橋《きんたいきょう》だ。

錦川にかけられたこの橋は幅約５メートル、全長約１９３メートルという巨大なもので、５つのアーチが連なるという独特の美しさを持つ。石組みの橋脚《きょうきゃく》の上を木造のアーチがつないでおり、木造部分は１本の釘も使わない伝統的な木組みの技法が用いられている。また、橋げたから圧力がかかると橋全体が引き締まるような構造になっていて、力学的にも抜群の強度を持つという。

この錦帯橋は岩国藩主だった吉川広嘉《きっかわひろよし》の創案により、延宝元（１６７３）年に完成した。あぶっているかき餅が反り返るのを見てこの形を思いついたとも、僧侶が中国から持ち帰った絵図を参考にしたともいわれている。

以前から橋は何度もかけられていたが、錦川は大雨が降ると流れが速くなるためにすぐに流されてしまった。

増水にも耐えられる橋を造るのは、代々の藩主の悲願だったのだ。

しかし、この美しく強靭な橋には恐ろしくも悲しい伝説が語り継がれている。橋を完成させるために2人の少女が人柱になったというのである。

◆みずから身代わりになった少女たち

橋の構造は決定したとはいえ、作業は困難を極めた。そこで水神に生け贄を捧げる、つまり人柱を立てて工事の完成を願うことになったのだ。

ところが、誰を人柱にするかがなかなか決まらない。すると、1人の男が袴《はかま》に横継ぎのある者にしたらどうかと提案する。袴に横継ぎのある者、あるいはその人物の嫁入り前の娘を人柱にする風習は各地にあったようだ。

男の提案に従って調べてみると、じつは言い出した本人がその条件に当てはまっていた。男は最初から自分の命を投げ出す覚悟でいたのかもしれない。

それを知った男の2人の娘は父親を犠牲にすることはできないと、自分たちが身代わりになることを申し出る。そして白装束を身にまとい、錦川に身を沈めたという伝説が残されているのだ。

娘たちの思いが通じたのか橋は無事に完成した。翌年に洪水で一部が流されたがすぐに再建され、それ以後は250年以上にわたって流失することはなかったのである。

錦帯橋

◆人形のような形をした木片と石

はたして、この人柱伝説は事実だったのだろうか。

じつは、長い間強度を誇ってきた錦帯橋も昭和25（1950）年の台風には耐え切れず、ついに流失してしまった。

その再建のときに伝説が事実かどうか発掘調

査が行われたのだが、伝えられてきたような人柱の形跡は確認されなかったそうだ。ただし、鑿《のみ》や小刀などが発見されており、これらは工事の無事を祈って埋められたものだろうとみられている。

また、人形のような木片も出土して、人柱に見立てたものではないかとも思われたが、どうやら橋を造る木材の一部だったらしい。

とはいえ、地元では人柱伝説が根強く信じられてきた。というのも、ときどき橋の下で人形のような形をした石が見つかるからだ。

実際には、この石はニンギョウトビゲラという水棲昆虫の巣なのだが、人々はこれを〝人形石〟と呼び、人柱になった姉妹の化身だと考えたのである。

錦帯橋はおよそ50年ぶりに全面改修が行われ、現在の橋は平成16（２００４）年に完成したものだ。もちろん、工法は昔ながらのやり方が用いられていて、河原から橋を見上げると複雑な木組みの様子を見ることができる。

だが、四季折々に美しい風景を楽しめる錦帯橋にはこんな伝説も秘められていたのである。

天皇が島流しにされた佐渡島

◆死刑の次に重い刑

新潟県の沖合に浮かぶ佐渡島は、北方四島を除けば日本で2番目に大きい島である。およそ5万2000の人々が暮らし、農業や漁業、工芸などさまざまな産業も栄えている。新潟港から高速艇を利用すればわずか1時間で上陸できるとあって、観光地としても人気が高いのはいうまでもない。

しかし、歴史をひも解いていくと、この島にはあるひとつの役割が課せられていたことがわかる。

それは流罪（島流し）になった人の受け入れ先、すなわち流刑地としての役割だ。

いまでこそ本州から船であっという間にたどり着ける島も、かつての都が置かれていた京都から見れば、果ての果てに浮かぶ絶海の孤島だったのである。

流罪は明治まで実施されていた刑罰のひとつだ。日本では死刑に次ぐ重い刑罰で、中世ではとくに国の方針に異を唱えた政治犯や思想犯などに科せられた。

そのため佐渡に流されてきた流人の中には、徳の高い僧侶や文化人、ときには天皇さえも含まれていたのだ。

◆島に流され島で死んだ24歳の上皇

有名なところでは、日蓮《にちれん》や世阿弥《ぜあみ》などがいる。世阿弥は流されたこの島で能文化を根づかせ、その流れを受け佐渡奉行の大久保長安が繁栄させた。

その影響はいまも強く残っており「鶯や十戸の村の能舞台」と歌に詠まれるほど、盛んに能が行われている。

流人の中でも悲惨だったのが、承久3（1221）年、承久の乱の企てに失敗して流刑となった順徳《じゅんとく》天皇だろう。

彼は息子に譲位し、上皇となったのちに政治権力を幕府から奪還すべく親子で乱を起こした。ところが、あえなく幕府軍に敗戦し、後鳥羽上皇は隠岐島《おきのしま》へ、順徳天皇はこの佐渡島へと流されたのである。まだ24歳の若さだった。

順徳上皇は帰京を望んでいたがその願いが叶うことはなく、46歳になって病を患う。しかし自ら「これ以上生きる意味はない」と絶食し続け、最期は自害という形で世を去った。

いまも島には都を恋しがった上皇の悲しい伝説が民話のような形でいくつも残されており、西側の中央部に位置する真野《まの》地域には、「真野御陵」と呼ばれる順徳上皇の火葬塚もある。死後、上皇の遺体はここで焼かれて遺骨は京都へと戻された。22年間願い続けた帰京がそんな形で叶えられたのだとしたら、なんとも皮肉な話である。

佐渡島（©BehBeh/Arthena /CC-BY-SA 3.0）

◆事故で死んだ労働者

ところで、佐渡島の相川地区には「無宿人の墓」と呼ばれる場所がある。

無宿人とは追放刑を受けたり親から勘当された

りして、いまでいう戸籍簿から名前を外された者のことだ。

ここは観光地ではないが、これもまた佐渡の流人と関係がある。

佐渡島は17世紀初頭に金脈が発見されて以来、江戸幕府の貴重な財源として文字通り重宝された。

ただし、佐渡の金山は標高が低かったため、立て坑に地下水が溜まりやすい。その地下水を排出するには「水替え」という重労働が欠かせず、幕府はその労働力を江戸や大阪にいた無宿人や罪人たちでまかなったのだ。

水替え人夫として島へと連れてこられた人の数は１０００人以上いたといわれている。劣悪な環境での重労働で身を削り、ほとんどがこの地で命を落とした。

いまも残る無宿人の墓は、坑内の火災事故で死んだ28人の霊を弔うために、江戸末期に建てられたものだ。

何度か修復されて現在に至り、毎年4月の第3日曜日には「無宿人供養祭」なるものも行われている。

佐渡への流刑は18世紀に終わり、佐渡は「流人の島」としての役目を終えた。

金山は平成元（１９８９）年に閉山して、いまはそこで働いた人々が残した数々の足跡や史跡が残るのみである。

【参考文献】

『青函連絡船 洞爺丸転覆の謎』（田中正吾／交通研究協会）、『200兆埋蔵金の謎を解く―信長・秀吉・家康の軍資金の行方』（小林久三／コスモの本）、『廃墟巡霊』（高島昌俊、岡戸雅樹／ミリオン出版）、『日本の城・封印されたミステリー』（平川陽一／PHP研究所）、『日本霊界地図―呪われた恐怖のタブー地帯』（並木伸一郎監修／竹書房）、『歴史散歩42　長崎県の歴史散歩』（長崎県高等学校教育研究会地歴公民部会歴史分科会編／山川出版社）、『本当は怖い日本の地名』（日本の地名研究会／イースト・プレス）、『京都「地理・地名・地図」の謎』（森谷尅久／実業之日本社）、『日本の「未解決事件」100』（別冊宝島編集部編／宝島社）、『戦国の古戦場を歩く』（井沢元彦監修／祥伝社）、『京都異界紀行―千年の魔都の水脈』（加門七海、豊嶋泰国／原書房）、『青函連絡船』（坂本幸四郎／朝日イブニングニュース社）、『写真集 さようなら青函連絡船』（北海道新聞社編／北海道新聞社）、『図解「世界の財宝」ミステリー』（世界博学倶楽部／PHP研究所）、『会津落城―戊辰戦争最大の悲劇』（星亮一／中央公論新社）、『図解「日本の七不思議」ミステリー』（日本博学倶楽部／PHP研究所）、『知っておきたい魔法・魔具と魔術・召喚術』（高平鳴海監修／西東社）、『野生の事件簿―北の動物たち』（木村盛武／北海道新聞社）、『追突―雫石航空事故の真実』（足立東／日本評論社）、『実録・網走刑務所』（山谷一郎／廣済堂出版）、『ニュースで追う明治日本発掘7』（鈴木孝一編／河出書房新社）、『新全国歴史散歩シリーズ37　新版香川県の歴史散歩』（香川県の歴史散歩編集委員会編／山川出版社）、『日本凶悪犯罪大全』（犯罪事件研究倶楽部編／イースト・プレス）、『八甲田山から還ってきた男―雪中行軍隊長・福島大尉の生涯』（高木勉／文藝春秋）、『霊能者・寺尾玲子の新都市伝説 闇の検証 第二巻平安～鎌倉～室町時代編』（HONKOWA編集部編／朝日新聞出版）、『流人100話』（小石房子／立風書房）、『発見！意外に知らない昭和史―誰かに話したくなるあの日の出来事194』（歴史雑学探偵団編／東京書店）、『荒俣宏の世界ミステリー遺産』（荒俣宏／祥伝社）、『日本にのこるなぞのミイラ』（たかしよいち／理論社）、『会津戦争―痛憤白虎隊と河井継之助 歴史群像シリーズ39』（宮崎十三八、星亮一、上田滋、阿井景子、間島勲、稲川明雄／学習研究社）、『久部良割・人升田―琉球にみる人口淘汰の悲劇』（無姓無名／東京布井出版）、『歴史散歩39 高知県の歴史散歩』（高知県高等学校教育研究会歴史部会編／山川出版社）、『大江戸まるわかり事典』（大石学編／時事通信社）、『沖縄ナビ―沖縄の旅の秘訣をとことんガイド』（いのうえちず、西中里美／エイ出版社）、『ほんとうは怖い沖縄』（仲村清司／新潮社）、『世界と日本の怪人物ＦＩＬＥ』（歴史雑学探究倶楽部編／学研パブリッシング）、『楽楽 京都、大阪』（ＪＴＢパブリッシング）、『京都魔界案内』（小松和彦／光文社）、『京都・魔界への招待』（蔵田敏明／淡交社）、『日本魔界紀行』（火坂雅志／青春出版社）、『日本怪奇幻想紀行 二之巻 祟り・呪い道中』（小松和彦、東雅夫、加門七海、友成純一、村上健司、多田克己、島村菜津、豊島泰国、小池壮彦／同朋舎）、『日本魔界伝説地図』（東雅夫監修／学研パブリッシング）、『大人が楽しむ地図帳 津々浦々「お化け」生息マップ』（宮本幸枝、村上健司監修／技術評論社）、『長崎県の歴史』（瀬野精一郎、新川登亀男、佐伯弘次、五野井隆史、小宮木代良／山川出版社）、『読める年表・日本史』（川崎庸市、原田伴彦、奈良本辰也、小西四郎監修／自由国民社）、『大阪の20世紀』（産経新聞大阪本社社会部／東方出版）、『明治・大正・昭和・平成 事件・犯罪大事典』（事件・犯罪研究会、村野薫編／東京法経学院出版）、『歴史散歩30 和歌山県の歴史散歩』（和歌山県高等学校社会科研究協会編／山川出版社）、『ふしぎの祭り―日本不思議旅行ガイド』（にじゅうに編集部編／にじゅうに）、『日本怪奇幻想紀行 三之巻 幽霊・怨霊怪譚』（諏訪春雄、山口直樹、村上健司、東雅夫、武藤純子、友成純一、多田克己、志村有弘、小池壮彦／同朋舎）、『地図で旅する日本の世界遺産００８ 姫路城』（東京地図出版）、『るるぶ長崎、岡山 倉敷 蒜山、和歌山 白浜 熊野古道 高野山』（ＪＴＢパブリッシング）、『日本の謎と不思議大全 西日本編』（人文社編集部／人文社）、『まっぷる山口・萩・津和野・下関・門司、松江・出雲・石見銀山』（昭文社）、『別冊太陽 石見銀山』（田中琢監修、江田修司編／平凡社）、『日本の伝説48 出雲・石見の伝説』（酒井董美、萩坂昇／角川書店）、『三重県の百年』（大林日出雄、西川洋／山川出版社）、『戦争と民話』（望月新三郎、松谷みよ子編／童心社）、『高知・南国散歩24コース』（宅間一之、坂本正夫、横山和雄／山川出版社）、『続・事故の鉄道史』（佐々木冨泰、網谷りょういち／日本経済評論社）、『鉄道重大事故の歴史』（久保田博／グランプリ出版）、『無差別殺人の精神分析』（片田珠美／新潮社）、『日本史小百科キリシタン』（フーベルト・チースリク監修、太田淑子編／東京堂出版）、『千里眼事件』（長山靖生／平凡社）、『スキャンダルの科学史』（『科学朝日』編／朝日新聞社）、『幽霊学入門』（河合祥一郎編／新書館）、『歴史散歩26 京都府の歴史散歩〈中〉』（京都府歴史遺産研究会編／山川出版社）、毎日新聞、朝日新聞、ほか

【参考ホームページ】

北海道苫前町ホームページ、Doshin web北海道新聞、リアルライブ、livedoorニュース、佐渡観光協会、47NEWS、博物館 網走監獄、NIKKEI 日本の近代遺産50選、大雪山国立公園連絡協議会、岩手県公式ホームページ、関山 中尊寺、沖縄ツアーランド旅カタログ、鬼押出し浅間園 浅間火山博物館、八王子市ホームページ、親不知観光ホテル、糸魚川市ホームページ、かんでんイーパティオ、「国宝松本城を世界遺産に」ホームページ、立山黒部アルペンルート オフィシャルガイド、宇城市ホームページ、宇城市の観光と物産ホームページ、青森県庁ホームページ、ほか

【写真提供】

「日本伝承大鑑」　https://japanmystery.com/

「楽しくいきましょう」　http://minkara.carview.co.jp/userid/316518/profile/

章扉　©François Obada/CC-BY-SA 3.0

背・帯の人形写真　©enmoto

その土地の人が口を閉ざす **日本列島のヤバイ話**

2021年1月8日　第1刷

編　者　歴史ミステリー研究会

制　作　新井イッセー事務所

発行人　山田有司

発行所　株式会社　彩図社《さいずしゃ》

〒170-0005　東京都豊島区南大塚3-24-4 MTビル
TEL:03-5985-8213
FAX:03-5985-8224

印刷所　新灯印刷株式会社

URL：https://www.saiz.co.jp
https://twitter.com/saiz_sha

　ISBN978-4-8013-0495-6 C0121

本書は弊社より刊行した書籍『その土地の人が口を閉ざす 日本列島のヤバイ話』（2012年10月発行）を修正のうえ文庫化したものです。